少年心理课

好好说话
好好相处

如何表达自己、结交朋友

[美]斯科特·库珀 | 著　[法]乔尔勒·德里德米 | 绘
高福猛　黄晓晓 | 译

浙江科学技术出版社

版权所有　侵权必究

Copyright © 2005 by Scott Cooper
Original edition published in 2005 by Free Spirit Publishing Inc., Minneapolis, Minnesota, U.S.A., http://www.freespirit.com under the title: Speak Up and Get Along! All rights reserved under International and Pan-American Copyright Coventions.
Simplified Chinese rights arranged through CA-LINK International LLC.
著作权合同登记号　图字：11-2019-91

图书在版编目（CIP）数据

好好说话　好好相处 /（美）斯科特·库珀著；（法）乔尔勒·德里德米绘；高福猛，黄晓晓译. — 杭州：浙江科学技术出版社，2023.9

（少年心理课）

书名原文：Speak Up and Get Along！
ISBN 978-7-5739-0385-3

Ⅰ.①好… Ⅱ.①斯… ②乔… ③高… ④黄… Ⅲ.①心理交往-少年读物 Ⅳ.①C912.11-49

中国国家版本馆CIP数据核字（2023）第037709号

丛 书 名	少年心理课
书　　名	好好说话　好好相处
著　　者	［美］斯科特·库珀
绘　　者	［法］乔尔勒·德里德米
译　　者	高福猛　黄晓晓

出版发行	浙江科学技术出版社
	地址：杭州市体育场路347号　邮政编码：310006
	办公室电话：0571-85176593
	销售部电话：0571-85062597
	E-mail：zkpress@zkpress.com
排　　版	杭州兴邦电子印务有限公司
印　　刷	杭州捷派印务有限公司

开　本	880 mm×1230 mm　1/32	印　张	5.125
字　数	88千字		
版　次	2023年9月第1版	印　次	2023年9月第1次印刷
书　号	ISBN 978-7-5739-0385-3	定　价	49.00元

责任编辑　陈淑阳	责任美编　金　晖
责任校对　张　宁	责任印务　吕　琰

前　言

校园生活可以非常有趣。在校园里，你既可以学到新鲜事物，又可以跟同学们一起玩，这些都能让你感到很开心。然而，校园生活也可能很糟糕。因为在校园里，你不仅要学习知识，而且还必须和其他同学一起学习、玩耍，换句话说，你必须花一些时间在与他们相处上。

你必须在如下地方和他人好好相处：

- 在课堂上。
- 在走廊里。
- 在操场上。

- 在体育馆内。
- 在公交车上。
- 在其他地方。

好好相处有很多含义！而且，有时候要和他人好好相处其实挺难的，因为每个人都有自己的想法、感受和需求。

让人与人之间的相处变得更容易的一种方法就是尊重彼此，即尊重他人、尊重自己。尊重他人意味着要把他人视为重要的个体，接纳他们，并以你希望他们对待你的方式来对待他们。尊重自己和尊重他人一样重要。要永远记住：你是一个重要的人。如果你既尊重他人，也尊重自己，那么通常他人也会尊重你。本书可以帮助你与他人、与自己好好相处。

本书将教你以尊重彼此的方式为自己和他人**发声**……

……你就能和他人及自己**好好相处**了。

鸟类之间是怎样相处的

尊重他人的表现之一：在你了解他人之前，不要轻易对其做出评价。年幼的时候，我对喜欢观鸟的人有一种先入为主的偏见。我认为他们是"书呆子"。我把观鸟的人想象成穿着长筒袜、戴着滑稽帽子、脖子上挂着双筒望远镜的人。

即使后来我成年了,他们在我心里的印象也一直是这样的。再后来,我的哥哥们开始观鸟。有一天,哥哥们邀请我加入他们,我才发现自己也喜欢观鸟。观鸟让我进入了一个全新的、让人兴奋的世界。我发现我很喜欢和其他观鸟的人在一起,他们都是和蔼可亲的普通人(虽然他们中的一些人确实戴着看上去傻乎乎的帽子)。这段经历告诉我,即使是大人,也可以在尊重彼此、好好相处方面学到很多。

从那以后,我对鸟有了更多的了解。我了解到大多数鸟都非常善于沟通或交流。它们经常成群结队地生活,为了能够好好相处,它们需要互相交流。它们无法使用语言,但是会通过叫喊或唱歌的方式来告诉对方自己需要什么或不喜欢什么。幼鸟既需要食物,也需要帮助。如果有危险临近,成鸟会发出尖锐的警告声。此外,成鸟还会唱动听的歌来吸引配偶。幼鸟从养育它们的成鸟那儿学会这些歌声和叫声。

歌声、叫声都是鸟类用来和其他鸟类好好相处及照顾自己的方法。你知道吗,你也需要合适的交流方法来和他人好好相处及照顾自己?这就是我写这本书的原因。

如何使用本书

　　本书的每一章都会教你一套方法，帮助你在不同的场合好好说话，并与人好好相处。每一章都以一种鸟展开话题，而且这些鸟都非常擅长使用各自的方法。你可以利用相应的方法来帮助自己应对目前正在面临的问题。比如，如果在学校里被人嘲笑了，你可以阅读"第四章　合理制止嘲笑、霸凌行为　蜂鸟的方法"。蜂鸟真的非常善于为自己挺身而出，即使面对体型比自己大的动物，它们也这样做。如果觉得自己不行且总是做不好事情，你可以阅读"第六章　积极摆脱负面想法　猫头鹰的方法"。即使在天黑的时候，猫头鹰也可以看清自己的目标。

　　要是能把本书从头到尾读一遍，并把里面提到的所有方法都练习一遍，你会有很大的收获。你可以自己一个人练习，也可以和朋友一起练习。此外，你还可以和你信任的大人一起练习，他们会与你分享他们的一些想法和经验。"练习时间"这部分会教你练习某种方法的具体方式。

人是社会性生物。这意味着我们要花很多时间来与他人相处。本书主要关注发生在校园里的事，因为校园是你最常需要独自去应对的社交场合。但本书介绍的方法不仅仅适用于校园。不管你和他人在何时何地（包括在家里时、和邻里相处时、外出时等）相处，你都可以运用这些方法。不管你在哪里，能够和他人好好相处都非常重要。

还是孩子的时候，我就见不得他人被欺负，所以总是尽力去帮助他们。成年后，我更见不得孩子们被虐待。显然，你可以通过自己做很多事情来改善困境，因为你本身就拥有强大的力量。如果困境真的很难改善的话，你可以找老师、父母及其他关心你的大人，他们都很愿意帮助你。

大多数时候，与人好好相处是简单且有趣的。和人聊天、闲逛、玩游戏、学习、组队的生活，总是充满乐趣。帮助他人、与他人一起努力也很有趣。然而，我们也会遇到不能与人好好相处的时候，这时可以让本书来帮助你。

斯科特·库珀

目 录

第一章 **坚定且自信地自我表达**
蓝松鸦的方法

方法 1 用"我"的力量
告诉他人你的想法和感受 7

方法 2 说"不"
拒绝那些对你施压的人 13

方法 3 问问题
获得信息或帮助 20

方法 4 作"吱吱作响的轮子"
坚持表达自己的想法 23

善于结交朋友、维护友谊
黑鹂的方法

方法 5 像夏洛克·福尔摩斯一样问问题
发起、加入或继续谈话　34

方法 6 分享
开启、加入或继续一次谈话　41

方法 7 友好交谈
用语言表达善意，表现尊重和关心　44

停止争吵，避免打架
鸽子的方法

方法 8 抛硬币
化解小冲突　56

方法 9 解决问题
化解大冲突或严重冲突　58

方法 10 冷静下来
摆脱冲突并控制住情绪　66

第四章 合理制止嘲笑、霸凌行为
蜂鸟的方法

方法 11 用"我"的力量应对嘲笑
告诉他人你不喜欢被嘲笑　79

方法 12 耸肩
告诉他人嘲笑并没有给你带来困扰　81

方法 13 用神奇的"可能"
让嘲笑者无话可说　83

方法 14 王者归来
用强有力的方式回应嘲笑　86

方法 15 消失法
避开有危险的环境　94

第五章 理智应对指责
乌鸦的方法

方法 16 我的错
承认过错并进行弥补　102

方法 17 绝不可能
告诉他人你不应该受到指责　106

第六章　积极摆脱负面想法
猫头鹰的方法

方法 18　**用"但是"扭转局面**
摆脱那些阻止你完成任务的想法　118

方法 19　**消除负面想法**
摆脱"可怕"的想法　122

方法 20　**解决个人问题**
解决让你不开心的个人问题　131

方法 21　**气球肚放松法**
让自己保持冷静并放松　134

其他一些想法　139

成年人须知　141

致谢　149

第一章

坚定且自信地自我表达
蓝松鸦的方法

蓝松鸦是一种会"叽叽喳喳"叫个不停的鸟。如果漫步于北美森林，你就一定能听到松鸦的叫声。如果看不惯其他鸟儿正在做的事，蓝松鸦就会非常大声地警告它们。如果需要同伴的帮助，蓝松鸦就会迅速叫喊对方。

蓝松鸦在以下几个方面给我们树立了很好的榜样：告诉他人自己需要什么，告诉他人自己的感受，在需要的时候寻求帮助。

所有生物都有自己的交流方式。有危险的时候,鸟妈妈会用"叽叽喳喳"的叫声提醒鸟宝宝;感到疼痛的时候,狗狗会尖叫;感到舒服的时候,猫咪会发出"咕噜咕噜"的声音;生气的时候,豚鼠会倒立并把自己的耳朵堵上(开个玩笑)。但从来没有一种生物能像人类一样可以通过交流把自己的想法全部表达出来,因为人类有语言文字。我们不仅可以用语言交谈、叫喊、歌唱或欢呼,而且可以将文字记录在纸或电脑上。

语言文字是非常好用的交流工具,因为它可以非常具体。听到一只狗在叫时,我们不知道它究竟是饿了、伤心了,还是仅仅想跑到外面去。而我们人类因为有语言文字,可以准确地告诉他人自己的想法,如:"我要一个双层奶酪汉堡,里面要有瑞士奶酪、泡菜、西红柿、莴笋,但不要有洋葱!"

什么时候用蓝松鸦的方法

当你不能和他人好好相处的时候,明明白白地告诉他你的想法是非常重要的。比如,如果有人拿走了你最喜欢的橡皮,你就可以用语言让那个人把橡皮还给你;如果有人对你说了不好听的话,你就可以马上回应他,告诉他你不喜欢他这样讲,同时你也可以讲明原因。

有时候，不能与他人好好相处的人会被认为存在社交问题。当人们不能给予彼此足够尊重的时候，通常社交问题就会显现出来。我们来看看两个孩子在没有得到足够尊重时的反应。

> 迈克尔跑去抢**拉希德**的篮球的时候，拉希德正在练习投篮。迈克尔抢了他的篮球并嘲笑道："来拿啊，笨蛋！"
>
> 拉希德非常生气，明天就要举行篮球选拔赛了，他真的需要多练习。迈克尔总是做这样的坏事，拉希德要被气炸了。"把球还给我，快！"拉希德喊道。但是迈克尔没有同意，只是大笑。拉希德早就受够了，他冲了过去并抓住了迈克尔。当篮球滚出球场的时候，两个男孩子正在坚硬的柏油地面上摔跤。
>
> 最后，他们俩都垂头丧气地坐在了校长办公室的椅子上。迈克尔的眼睛又青又肿，拉希德的鼻子流血了，他们的膝盖都擦伤了，全身上下到处都是瘀青。两人都被学校给予停课的处罚。更糟糕的是，拉希德不能参加篮球队的选拔赛了。"但不是我先挑事的。"拉希德申辩道。

校长回答道:"谁先挑事的并不重要。"

布伦达很喜欢美术课,尤其喜欢画水彩和做陶器,但有一件事她很不喜欢,每天她都是唯一一个清理小组桌子上烂摊子的人。上面有湿答答的画笔、湿纸巾,还有黏土碎屑。她担心如果把自己的不满说出来,小组里的其他同学可能会不喜欢她。但如果桌子没有打扫干净的话,她所在的小组就会被扣分。布伦达既希望同组的其他同学喜欢她,又不想被扣分,因此她总是一个人收拾残局。她知道这对她来说很不公平,这件事也让她开始觉得美术课不再那么有趣了。

拉希德和布伦达不仅都没有得到他们应有的尊重,而且最终都做了让自己后悔的事情。和他人相处时,若遇到困难,你可能会像拉希德那样打一架,或像布伦达那样回避问题。这两种反应都很正常。但是从长远来看,这两种反应中的任何一种都不能真正帮助你解决问题。和他人打架,会伤害到自己或他人,而且会让自己陷入麻烦之中。打架会破坏友谊,也会使问题变得更糟。如果你回避问题，通常问题并不会凭空消失。不能与你好好相处的人可能会得到他们想要的——即使他们是不当的、不友善的。而且，当下次你再看到他们的时候，问题又回来了。因为你让他们觉得他们不需要尊重你。

如果拉希德和布伦达能够准确地表达出他们的不满，那么他们的处境可能会更好一些。想准确表达自己的意思，必须坚定且自信。坚定且自信并不意味着要表现得强硬或刻薄，也不意味着要打一架。那它意味着什么呢？

> **坚定且自信**意味着为自己和他人挺身而出，意味着以一种强有力、自信的方式来**获得**自己需要或应得的东西。

有时候，有些同学可能会对你很刻薄，他们可能试图让你去做一些你并不真正想做的事情，或他们可能会试图阻止你得到你应得的东西。当你不能和他人好好相处的时候，通常最好的办法就是找那个人谈一谈。你很可能需要通过表现得坚定且自信来获得你应有的尊重。蓝松鸦的方法可以帮到你。

方法1 用"我"的力量
告诉他人你的想法和感受

> 当他人不公平地对待你的时候,通过用"我"的力量告诉对方你的想法或感受。

这是一种简单但非常有力的方法。也就是说,使用以"我"字开头的句子达到的效果是非常有力且直接的。比如,如果有人对你做了刻薄的事情,你可以说:"我希望你停止这么做!""我不喜欢那样!"

不同意他人的观点时,也是使用这种方法的一个好时机。你可以告诉那个人:"我不同意!""我有不同的看法。"

实践应用(一)

在学校里,坐在你后面的那个人总是用铅笔敲你的头。
用"我"的力量:嘿,我让你住手!

你在秋千旁边等着,已经等了很长时间,但是有个人一直在荡,没有要停下来的意思。

用"我"的力量：我也想荡秋千。我已经等了很久了，所以现在请让我荡一会儿吧。

用"我"的力量还可以更简单。有时候，你甚至都不需要把"我"大声说出来，可以将它省略而放在心里。如果有人正在骂你，你可以简单地说："请停下来。"为了简单起见，这里将"我"省略了，其实你真正在说的是："我想请你停下来。"

实践应用（二）

有个同学在你前面插队。

用"我"的力量：公平一点儿。请到队伍后面去排队。

老师让你们这一小组写一份报告，但你是小组里唯一一个做所有工作的人。

用"我"的力量：老师的安排是让同一个小组的我们一起写这份报告。让我们一起想一想，看看每个人都能发挥什么作用。

有个小孩嘲笑你长了一颗痘痘。

用"我"的力量：少管我！

肢体语言

并不是所有的交流都需要通过语言文字来进行。你的面部，还有身体，也都可以用来交流。我们称之为"肢体语言"。当你笑容满面时，他人就知道你心情不错。当你脸色阴沉时，他人就知道你生气了。

有时候，你的语言文字表达的是这样一种意思，而你的身体却表达了另外一种意思。比如，如果你说"我很高兴"，但是你的嘴巴是撇着的，那么人们通常会相信你的撇嘴动作而不是你说出来的话；如果你说"我不害怕"，但是你的膝盖在瑟瑟发抖，眼球也凸出来了，这就说明你的肢体语言在传达另外一种完全不同的意思。

当你在用"我"的力量的时候，用肢体语言辅助你说的话是非常重要的。如果你表现出害怕，那么他人就可能不会把你说的话当回事；如果你表现得刻薄或强硬，那么他人可能会认为你想打一架。因此，你在说话的时候应该这样做：

- 站直。
- 把头抬起来。
- 肩膀向后收。

- 直视对方的眼睛。
- 不要走开。

说话的语气也很重要，你要用一种有力且清晰的声音冷静地说。不要大喊大叫，也不要太小声。恰当的肢体语言和语气，可以显得你既坚定又认真。

用"我"的力量应对长辈

面对高年级同学或大人时,用"我"的力量可能会很难。你可能担心他们会生气或嘲笑你,认为他们不会听你的,甚至害怕他们会伤害你。

用"我"的力量应对老师、家长之类的长辈时,你会感到紧张,这很正常。但是请记住,不管跟谁说话,你都有权得到尊重。有时候,大人也有必要知道你的真实想法。你可以尝试做下面两件事,以帮助你在类似情景中更容易把"我"的力量展现出来:一是告诉他们要开诚布公地说话有多难;二是表达出你对他们所说的话的看法。下面这些范例可以帮你开头:

我不想小题大做,但是我要告诉你……

我担心你听了之后可能会不开心,但是我想……

对我来说,要这样说很难,但是我不认为……

你可能不喜欢这样,但是我希望你……

也许没人告诉过你,但我……

记住,尽管你要表现得坚定且自信,但尊重长辈仍然是很重要的。

 **练习时间**

第一次用"我"的力量时,即使面对的是跟你同龄的人,你可能也会感到紧张。这是很正常的。要跟他人说出你认为他们可能不太想听的话是非常困难的。如果感到紧张,你可以找一个你信任的好朋友或大人,一起练习用"我"的力量。和你的练习伙伴模拟一些人们不尊重你的场景(或想想你在现实生活中碰到的真实问题,一个需要你表现得更加坚定且自信的场景),然后想出几种用"我"的力量的方式来为自己获得被尊重的权力。轮流说台词。通过练习,用"我"的力量将会变得更容易、更轻松,而且你会发现在告诉他人你的感受时你比以前更自然了。

关于用"我"的力量,还有最后一点值得注意:要有礼貌。这是非常重要的。你在要求他人礼貌待你的时候,他们也需要被以礼相待。你可能已经生气了,但是表现得刻薄对你来说没有任何好处。当你以一种礼貌且坚定的方式用"我"的力量时,效果会更好。

方法 2 说"不"
拒绝那些对你施压的人

> 说"不"来拒绝那些对你施压的人。

你的朋友们有没有试图让你去做你不想做的事情？有没有人试图说服你去做一些你认为不安全或错误的事情？比如，也许有些人会试图强迫你对其他人刻薄，有些人可能会试图说服你拿走不属于你的东西。尊重自己的一个重要表现是保证自身安全，远离麻烦。这意味着你需要学会对糟糕的境况说"不"。

阿斯特丽德开始被班上最受欢迎的女生群体接纳。在动员大会和午餐期间，她都和她们坐在一起。这是她第一次被邀请参加男女派对。

在派对上，阿斯特丽德和她的朋友们站在音响旁边聊天。琳达环顾四周，发现附近没有大人，然后从包里拿出一小瓶酒。"稍微尝一点儿，"她说，"它会让你感觉头晕。"阿斯特丽德非常惊讶，但也很好奇。女孩们咯咯地笑着,并都喝了几小口。其他人在旁边看着。阿斯特丽德的妈妈曾经告诉过她不能喝酒。阿斯特丽德知道自己应该拒绝,但是又不想退出这个受欢迎的群体,因此感到纠结又紧张。

有人把酒瓶递给她。阿斯特丽德深吸了一口气,说:"不,谢谢。我不需要。"

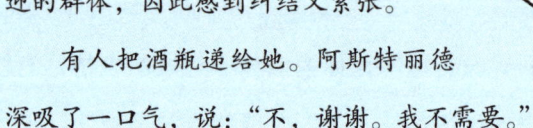

有时候,你可能会因为想让其他人喜欢你,做一些你并不想做的事情,甚至做一些你明知不应该做的事情。你可能知道我们应该拒绝做以下事情或拒绝接触以下事物。

- 毒品。
- 烟草。
- 暴力。
- 盗窃。
- 作弊。
- 对他人刻薄。
- 不适合孩子观看的电影和网站。

你可能也知道要说出"不"并不总是那么容易。

和你同龄的人，称为同龄人。当同龄人试图让你去做他们正在做的事情时，你会感受到一种压力，即"同龄人压力"，这是很难抗拒的。人生来都希望自己被人喜欢，而做朋友要求的事情似乎是让他们喜欢你的一种简便方法。

即使是好朋友，也可能试图说服你做一些你不太愿意的事情。他们可能只是想让你参加聚会、看电影或参加其他你不感兴趣的活动，也可能试图让你做一些危险的事情。

但是，如果能独立思考、独立行动，你就会更开心、更安全，并会表现出自尊、自重。你可以自己做出选择，并在必要的时候对他人说"不"。这时就需要另外一种简单的方法——说"不"。简单来说，说"不"的意思是在你需要拒绝他人的时候说"不"。

就像用"我"的力量时一样，要对朋友、年长的同学及大人说"不"会让你感到紧张或不舒服。你可能担心自己会伤害他人的感情、被人嘲笑或不被人喜欢，害怕他人生气或失望。

鉴于上述担忧，给出下面三点建议。做到这三点，你就可以更轻易地说出"不"。

1. 尊重自己。

这点对你最有帮助。你如果尊重自己，就知道自己很重要，而不敢拿自己的安全去冒险。你也知道你是那个最适合为自己做决定的人。

2. 要坦诚。

你即使在说"不",也要坦诚地说出你有多紧张。比如,你可以这样说:"我不想让你感觉不舒服,但是我必须要说'不'。""我很喜欢和你待在一起,但是我不能这样做。"

3. 有一个一起说"不"的朋友。

找个朋友支持你。如果你身边有能跟你一起说"不"的朋友,那么对你们双方而言,说"不"就变得容易多了。

 练习时间

你如果迫于压力要做一些你认为不太好的事情,那么可以跟和你一起说"不"的朋友共同制订一个计划,避免下次再出现这种情形。在看到对你施压的人之前,和你的朋友达成一致意见,你们一起说"不"。想出如何说"不"的方式,并进行练习。然后在时机成熟且感觉有压力的时候,支持彼此!

实践应用

如果你担心伤害到彼此的感情:

不。我希望我可以,但是我不可以。

那真的很好,但我不得不说"不"。

不了,不过还是谢谢你的邀请。

我很抱歉,但是我爸不会允许我这样做的。

如果你担心他人会生你的气或不喜欢你:

我知道你可能不喜欢这样,但是我真的不行。

对我来说,这样说很难,但是我还是得说"不"。

你可能会很失望,但是我不行。

你可能会觉得很奇怪,但是我不能这样做。

需要表达你的观点时，使用强有力的"不"：

不，这真是一个糟糕的主意。

不，我不想陷入麻烦。

不，我只是不想这样做。

不。

绝不可能。

不，而且我不会改变我的想法。

快速测验

请在下面找出至少一种可以让你说"不"时感觉舒适的情景。每种情景都可以有很多种答语。后面会提供一些答语，请你倒过来看（不许偷看）。

情景1： 你的一个朋友对你说："嘿，我们去拿走那个人的午饭钱。"

情景2： 一个朋友说："走吧，我们一起去逛商场。"但你其实并不想去逛商场。

情景3： 一些同学正在浏览你妈妈不想让你看的网站。有人对你说："过来看看这个吧。"

情景4： 在学校考试期间，坐在旁边的女孩儿问你她能不能看你的答案。

可能的答语

答语 1："不，那太早了。""不，我们迟一点儿。"
"不，如果其他人去，这对你怎么办？"

答语 2："谢谢你的邀请，但是这次我就不去了。"
"不，我想晚些去跟各位有趣，但是今天晚上我不行。"
"不，谢谢，明天再说吧。"

答语 3："不，我要去做其他一些事情。""不，这对我来说太忙了。""不，回家吧。"

答语 4："不，我不想加入俱乐部。""够北可能！"

第一章 坚定且自信地自我表达 蓝松鸦的方法

方法3 问问题
获得信息或帮助

> 当你需要获得信息或帮助时，就选择问问题。

像蓝松鸦一样，告诉他人你的感受，以及在需要的时候说"不"，都是坚定且自信的表现。坚定且自信的另外一个表现是索取你需要的，尤其是在你需要帮助的时候。蓝松鸦就总是喜欢大声求助！

找出真相或寻求帮助的最佳方式就是问问题。不知道图书馆在哪里，就找个人问问；弄不明白除法，就求助于老师；不知道自行车为什么不能正常骑了，就问问了解自行车的朋友。问问题并不会显得一个人愚蠢。

有时，你可能会不好意思问问题，因为你可能会这样想：如果有人嘲笑我怎么办？如果有人因为我问的问题觉得我很愚蠢怎么办？

好吧，如果真的有人这样想怎么办？这时候就最适合问自己下面这个问题：

之后可能发生的**最坏**情况是什么?

如果发现自己不好意思去问问题,就先问问自己:那样做之后,可能发生的最坏情况是什么?如果有必要的话,你可以多问自己几遍。假设你要完成一项很难的地理作业,但你又不好意思去问老师,这时你可以这样跟自己对话:

"如果我问了作业的事情,那么之后可能发生的最坏情况是什么?"

其他同学可能会嘲笑我,或认为这是一个愚蠢的问题。

"如果他们嘲笑我或认为这是一个愚蠢的问题,那么之后可能发生的最坏情况是什么?"

我会很尴尬。

"如果我很尴尬,那么之后可能发生的最坏情况是什么?"

好吧,没什么大不了的。那又会怎么样呢?没有人是完美的,我会很快克服的。

当你这样想的时候，你就会发现，之后可能发生的最坏情况并没有那么糟。大多数时候，其他人都很乐意你去问连他们自己都不敢问自己的问题。显然，你提出问题后会有以下收获。

- 你得到了一种答案。
- 你获得了更多信息。
- 你得到了一个学习和提升的机会。

你如果只是不能在人多的场合，如在学校课堂上，鼓起勇气提问，那么可以在人少或让你感觉更放松时再去提问。比如，你可以在课间休息时、下课以后、上学前或放学后去问老师。很多老师还会让你给他们发邮件。

实践应用

打扰了，能帮我一个忙吗？

能再解释一遍吗？

不知道为什么，我还是没有弄明白。你能再重复一次吗？

能再仔细检查一遍吗？

很抱歉，打扰你了，但是你能把每部分都看一遍吗？

请再跟我说一遍：你为什么要那样做？

这真的很让人困惑。你能帮帮我吗？

方法4　作"吱吱作响的轮子"
坚持表达自己的想法

> 当你需要坚持表达自己的想法时,就将自己当作"吱吱作响的轮子"吧。

如果与你交谈的人不听你说,那么用"我"的力量、说"不"或问问题都是行不通的。这种时候,你需要坚持。坚持意味着你不能放弃,意味着你需要重复说,直到与你交谈的那个人意识到你是不会放弃的。当有人刻薄或不公平地对待你时,坚持尤为重要。记住,不管对方是谁,任何人都没有权力恶劣地对待你。和其他人一样,你也需要安全感,你也拥有被尊重的权力。

当一个更大的同学在**维克多**前面插队的时候,维克多已经在食堂排了很长时间的队。"嘿,请到队伍后面去排队。"维克多说。维克多为自己能勇敢地面对更大的同学感到自豪。但是,这个男孩子不仅取笑维克多,而且没有走到队伍后面去。这个男孩子在学校的"名气"很大，维克多不想小题大做，不想让自己看起来像一个傻瓜，也不想跟他争吵或打架。但是维克多很沮丧，认为这不公平，尤其是在他等了那么久的情况下。他决定再说一遍："对不起，请到队伍后面去。"

那个男孩子看着维克多说："好吧。"

坚持表达自己的想法的方法称为作"吱吱作响的轮子"。这也是维克多使用的方法。可想而知，滑板或自行车上吱吱作响的轮子需要被关注。它不停地吱吱作响，直到有人注意到它并给它所需要的。你也可以不停地"吱吱作响"，直到获得你需要的。滑板的轮子需要润滑油，而你可能要求他人停止嘲笑你、给你本属于你的东西或按顺序来。

当然，你不需要真的发出"吱吱"的声音（否则你可能会得到并不想要的关注），只要说话即可。你可以坚定、持续地表达你的想法。

实践应用

一个朋友正在翻你的储物柜,而你很不喜欢他这样做。

你: 嘿,不要翻我的储物柜!

朋友: 我只是看看。别担心!

你: 不,我是认真的。我不喜欢你这样做。

朋友: 别大惊小怪的,这没什么大不了的。

你: 对你来说这可能没什么大不了的,但是我希望你停下来。

朋友: 好,好,好!

该轮到你用电脑了,但是有个女孩儿一直霸占着电脑。

你: 该我使用电脑了。

女孩儿: 过一会儿。

你: 不,我已经等很久了。我现在就要用。

女孩儿: 别烦我,我得把这件事情做完。

你: 我也有事情要做,根据时间表该轮到我了。

女孩儿: 别烦我。

你: 你让我用电脑的话,我就不再烦你了。需要我去叫老师来吗?

女孩儿： 好吧，我现在就下线。

一群朋友想让你一起去看电影，但你并不想去。

你： 谢谢你们邀请我，但我只想宅在家里。

朋友： 去吧。别这么宅。

你： 不，我真的不想去。

朋友： 为什么呢？

你： 我只是今晚不想去。我累了。

朋友： 去吧，你可以在电影院里放松一下！

你： 不，谢谢，今晚我就待在家里。

朋友： 好吧。明天见。

你可以把这种方法和本书中的其他方法结合在一起使用。在维克多的故事里，他用"我"的力量显然还不够。他可以在用"我"的力量的同时，将自己当作"吱吱作响的轮子"。如果那个人还是不到队伍的后面排队，那么维克多就可以再说一遍："别在我前面插队。到队伍后面去！"

什么情况下作"吱吱作响的轮子"是不安全的

如果正在和你认为可能会伤害你的人交谈,就不要作"吱吱作响的轮子"了。一直和刻薄的人说话,可能会不安全。这时,你什么都不要说,立即离开,然后找一个你信得过的能帮得上忙的大人。这叫"消失法",你可以在本书的第四章中看到这种方法的相关介绍。

你从这一章中学到的方法都可以用来展现坚定且自信的态度,就像蓝松鸦一样。当他人不公平地对待你或不尊重你时,你可以使用蓝松鸦的方法来获得你应有的尊重。记住,坚定且自信并不意味着刻薄或强硬。尊重他人会让你更容易得到他人的尊重。维护自己的权益很难,这需要练习和信心。通过练习,维护自己的权益会变得更容易,而且你很快就会发现,对你来说,表现得坚定且自信会像蓝松鸦一样自然。

第二章

善于结交朋友、维护友谊
黑鹂的方法

黑鹂大概是世界上最友好的鸟类了（不过当它们在巢里保护幼鸟时，你还是应该小心）。在一年中的不同时间段，它们都会成群结队地聚集在一起。如果到田野里观察一下黑鹂，你就会发现它们有多喜欢聊天。黑鹂的方法可以让你更轻松地与人交谈、结交朋友、维护友谊。

凯文不怎么跟其他孩子相处。他很害羞，当结结巴巴说错话或做错事的时候，他会感觉很尴尬。其实他喜欢和同龄人一起玩，但总是不知道该说什么，也不知道要怎么做，所以他选择避开他们。

在遇见莎拉之前，他一直是这样做的。

谁能避开莎拉呢？"嘿，凯文，你不想和我们一起玩吗？""最近怎么样，凯文？""你不讨厌数学吗，凯文？""凯文，你为什么不和我们一起吃午饭？"

起初，莎拉对凯文的关注让凯文很紧张，凯文也试图回避她。但是莎拉并没有放弃，渐渐地，凯文开始和莎拉说话了。过了一段时间，莎拉成了凯文的好朋友。凯文甚至还学会了通过问问题来跟其他人交谈。现在凯文不仅可以独处，而且可以和其他人待在一起，并感觉越来越舒服。

拥有朋友可以让校园生活变得更加轻松有趣。有一个朋友，就有了一个可以跟你说话、共度美好时光的人，也就有了一个能够在学校陪你共渡难关的人。你们可以在功课方面互相帮助，并互相支持。当其中一个人情绪低落时，另外一个人还可以为对方加油鼓劲。

但是你可能会觉得自己和凯文一样。对你来说，交朋友可能也很难，因为你很腼腆或天生就内向。即使你并不腼腆，要跟你不太了解的人或让你感觉紧张的人交谈也很难。事实上，大多数人在某些特定场合也会害羞，但有少数一部分人会特别害羞。当你不想说话的时候，选择独处并没有什么不妥。

尽管如此，你如果想拥有朋友，就必须表现得友好。这意味着你要善良、体贴，要学会交谈和倾听。

什么时候使用黑鹂的方法

当你不喜欢他人正在做的事情或你需要什么东西的时候，蓝松鸦的方法可以帮你大胆说出口。

用黑鹂的方法来说话则是出于一个更有趣的理由：结交朋友、维护友谊。当你害羞、内向或不舒服的时候，跟人交谈是很难的，但是你要相信自己可以做到。下面是一些可以帮到你的建议。

……… 8种能让你与周围的人相处得 ………
更舒适的方法

1. 即使你话不多，也跟朋友们一起出去玩。

2. 赞美他人，如"我喜欢你的T恤衫"；为他们做一些事情，如给他们提供口香糖或为他们开门。

3. 在家里时，主动接电话。

4. 当你去商店或餐馆时，试着跟人交谈。

5. 欢迎来你家做客的人。

6. 加入学校社团、运动队或其他团体。

7. 做一些与人打交道的志愿者工作，如在图书馆工作或参加学校活动。

8. 问问大人他们在什么情况下会感到害羞，他们又是如何克服的。

接下来你能做的就是练习对话。在这一章中，你将学习一些跟朋友、家人或其他你想交谈的人交谈的方法。找一个让你觉得舒服的人，如好朋友、兄弟姐妹或父母，来练习这些方法。随着交谈的人越来越多、交谈的时间越来越长，与人交谈这件事对你来说将会变得更容易。

方法5 像夏洛克·福尔摩斯一样问问题
发起、加入或继续谈话

> 当你想发起、加入或继续谈话的时候,就要像夏洛克·福尔摩斯一样问问题。

19世纪末20世纪初,一位名叫阿瑟·柯南·道尔爵士的作家出版了一系列有关夏洛克·福尔摩斯侦探的故事。福尔摩斯成功的秘诀之一就是他会问很多问题。一旦出现犯罪事件,他就会问谁到过那里,他们是什么时候来的,又是什么时候走的。他会问所有与之相关的问题,如发生了什么事件,谁是事件的参与者,事件的起因、经过是怎样的,事件是在何时何地发生的。他非常爱管闲事。

发起或加入谈话有障碍时,你可以像夏洛克·福尔摩斯一样问问题。他们都做了什么、将要做什么及他们的看法是怎样的,你都可以问。关于他们的家人、宠物、业余爱好和其他很多事情,你也可以问。

实践应用（一）

开始：

发生了什么？

你最近都在忙些什么？

上周末你都做了什么？

这周你有什么计划吗？

假期你都做了些什么？

今年夏天你准备做什么？

这附近发生什么事了吗？

你喜欢做什么？

你要去跳舞吗？

你要去看比赛吗？

你最近看了什么视频？

你喜欢听什么歌？

问问题不仅能打开人们的话匣子,还能让谈话继续下去,因为问题会迫使人们继续交谈。你问了一个问题,对方就得回答。一旦对方回答了,你们就可以根据对方说的内容再进行讨论,甚至你还可以再问一个问题。

最好的问题是开放式的——就是不能简单地用"是"或"否"来回答的问题。能用"是"或"否"回答的问题叫作封闭式问题,这种问题会让谈话结束,因为其答案只有一个字。而开放式问题则会诱使人们讨论得更多。请仔细思考下面这些例子间的差别。

封闭式问题	开放式问题
英语考试难吗?	英语考卷中都有哪种类型的题?
你在乐队里吗?	你为什么选择学吹长号呢?
你看昨晚的演出了吗?	你认为昨晚的演出怎么样?

对于封闭式问题,有的人可以只答"是"或"否",然后谈话就结束了。但是对于开放式问题,人们就要思考得更多,以传达一些具体的信息或观点。这样就会促成更持久、更有效的谈话。

实践应用（二）

获取信息和观点：

你对于……（你们正在讨论的任何话题）怎么看？

你觉得……（校园或新闻里的一个热点话题）怎么样？

你的看法是什么？

你最喜欢哪一组？你最喜欢的足球队是哪支？你最喜欢的食物是什么？为什么？

你最喜欢的老师（电影明星、运动员、歌手或科学家）是谁？为什么？

像这样去问问题的时候，你要记住最重要的两点：认认真真地听答案，并表现出你对回答问题的这个人感兴趣。下面来看看奇亚的故事，看看当某个人对另外一个人的答案不够重视的时候会发生什么。

> **奇亚**正在滔滔不绝地讲述她的夏季主题公园之旅："看到列队之后，我们上了过山车。队伍真的是太长了。我们真的觉得很热。"最后，她似乎想起了莎妮可。

"这个夏天你都做了些什么?"奇亚问。

"嗯,我参加了垒球联赛。"莎妮可说,"它真的非常有趣。"

"太棒了!"奇亚说,"篮球是超级有趣的。"

"你说的应该是垒球。"

"是的。噢,你猜怎么着?我们还去了水上游乐园和鬼屋,鬼屋有点儿吓人,但进去之后我们感觉还不错。"

"我晚点儿再和你说,"最后,莎妮可说,"上课前我必须要处理一些事情。"

莎妮可走开了,因为奇亚根本没有听她说的话。奇亚虽然问了莎妮可夏天都做了什么,但是根本没有注意莎妮可回答了什么。夏洛克·福尔摩斯如果只是问问题而不去关注对方的答案,就不会成为一个好侦探。他的目的是收集并吃透相关信息。

只说不听并不算在进行真正意义上的谈话。这只是在锻炼你自己的口才。如果不听与你交谈的人说的话,你就可能交不到朋友,也可能维护不好友谊。

想想看,当老师说"注意了,这部分内容一定会考"的时候,你一定会很认真地听讲。你要集中注意力,像听老师划重点那样去听对方说话。把你脑海里的其他想法（至少是大部分想法）都抛到一边，然后把注意力集中在对方说的事情上。你可以通过问更多问题及重新表述你认为的对方所表达的意思来表明你在倾听，比如："当杰森选你最后一个加入他的战队的时候，你感觉很糟糕，对吗？""听起来你好像不太喜欢数学。"使用简短的鼓励词也有助于表明你正在倾听，比如："我知道你的意思。""我明白。""接下来发生了什么？"

最后，还要观察对方的肢体语言。如果一个正在和你交谈的男孩子说"我很好"，但他看起来很悲伤，你就知道其实他并不是真的感觉很好。你可以多问问他的感受。

实践应用（三）

其他有趣的问题：

你会浏览哪些网站？

你会做什么食物？

长大后你想成为什么样的人?

你如果有100万美元,会用它来做什么?

你最想去哪里度假?

你最喜欢的棒球运动员是谁?足球运动员呢?喜剧演员呢?

如果养成这种习惯,你就会更容易想出好的问题,与人交谈时也会更轻松。

方法6　**分享**
　　　开启、加入或继续一次谈话

> 当你想通过告诉他人你的情况来开启、加入或继续一次谈话时，使用"分享"这一方法。

另外一种开启、继续谈话的方法就是跟他人说自己的事情。如果你分享了自己的一些事情，其他人就很可能跟你分享他们自己的事情。分享意味着告诉他人你的观点、兴趣爱好、计划和感受。

有时，你可以使用"分享"来开启一次谈话。有时，有些人可能会先跟你说一些关于他们自己的事情。然后，你可以使用"分享"来增加话题，让谈话继续。比如，如果一个人说"我不喜欢这样的大雾天"，那你就可以说："我也不太喜欢这样的天气，我最喜欢的是暴风雪后的晴朗天。"如果一个朋友说"我喜欢打牌"，那你就可以

说:"我也喜欢打牌,但是我更擅长下棋。你会下棋吗?"

当分享自己的事情时,态度真诚很重要,不要夸大其词,也不要说谎。分享的意义在于告诉他人有关你的事情——真实的事情——这样他人就可以了解你。你要以一种轻松、友好的方式来分享,不能吹嘘、炫耀自己或过多地谈论自己。

你也可以把"分享"和"像夏洛克·福尔摩斯一样问问题"结合在一起使用。你可以分享自己的事情,然后问一些问题来了解和你交谈的那个人。通过下面这些示例,你会发现有时候"分享"是与"像夏洛克·福尔摩斯一样问问题"结合在一起使用的。

实践应用

开启谈话:

在这些情况下,我感觉有点儿害羞,你呢?

你是刚来这个班吗?我也是,我有点儿紧张。

对于食堂的食物来说,这并不算太糟。你的怎么样?

我的电脑程序出问题了。你的电脑程序有没有出现什么问题?

我不是很喜欢数学,但是我喜欢英语。

你最喜欢的科目是什么?

昨晚的足球比赛很精彩。你认为我们有机会进入季后赛吗?

继续谈话：

当一个朋友跟你说她曾经演过一出戏时：你能演那样一出戏说明你很勇敢，要是我的话，在这么多人面前我肯定会害怕的。

当有人说他假期去了国家公园时：我从来没有去过那里，但是我很想去。你在那里都做了些什么？

当有人提到她在一天内参加了两场考试时：哎呀，我可不喜欢那样！都考了些什么？

当一个朋友告诉你有关他在游泳队的训练时：哇——我不知道我能不能游得那么久、那么快。难道你不会觉得特别累吗？

如果使用"像夏洛克·福尔摩斯一样问问题"，如果不想使用"分享"，就不必分享。但是"分享"除了有助于交谈以外，还有助于维护良好的友谊。当你分享自己的事情时，人们会试着信任你、喜欢你。而且，如果一段友谊是单向的，主要是某个人在分享，那么这段友谊就是单方面的、不健康的。这样的友谊很可能不会持久，因为总在分享的那个人可能会认为另外一个人不在乎这段友谊。

方法7 友好交谈
用语言表达善意，表现尊重和关心

> 当你想表现出尊重和关心他人时，使用"友好交谈"这一方法。

我们都知道，有礼貌意味着要说一些诸如"请""谢谢"和"对不起"的话。这也意味着你得用你希望他人对待你的方式来尊重和对待他人。没有人喜欢被人指手画脚。有时候你可能需要表现得坚定且自信，有时候你甚至可能需要以一种强有力的声音跟他人说话来阻止他们伤害你。然而即便如此，你也可以做到礼貌待人。有礼貌、恭敬地交谈就是"友好交谈"的一种方式。

但是要做到友好交谈，并不是光有礼貌就行了，还需要你通过语言文字来帮助他人。这意味着你要对感到孤独或悲伤的人说些支持、鼓励的话，并真诚地赞美他们。使用"友好交谈"来交朋友，并向你的朋友们表明你很在乎他们。

实践应用（一）

有礼貌：

你想让一个大人来学校接你放学。

你： 能请你来学校接我吗？

你弟弟正在看电视，而你想看别的。

你： 这个节目结束后，你能让我换个台吗？

有人捡起你掉在地上的一本书并递给了你。

你： 谢谢你。

你的老师帮你解决了一道家庭作业难题。

你： 谢谢您帮我。

你需要越过正站在门口的人。

你： 不好意思，请让我过一下。

给予赞美：
你的朋友考试得了A。

你： 哇，考得真好！

你的球队输掉了棒球比赛，你在停车场看到了另外一支球队的投球手。

你： 嘿，比赛很精彩！

你在外面经历了一些不好的事情，你的阿姨给你做了一顿美味的晚餐。

你： 真好吃。谢谢您。

你的哥哥换了一个新发型。

你： 哥哥，你的新发型看起来不错。

给予支持：

学校里一个新来的同学正一个人孤零零地站着，他看起来很害羞。

你： 嘿，我的名字叫×××。你是新来的，对吗？你来自哪里？

几个一年级的同学正在嘲笑一个幼儿园的孩子。

你： 嘿，离他远点儿。他是和我一起的。

一个同学在操场上扭伤了脚踝，很痛苦地坐在地上。

你： 你还好吗？我想你需要敷冰块。我去找人帮忙。

足球比赛时，你的球队击败了另外一支球队，而你碰到了这支球队里的一名队员。

你： 你们有一支很棒的球队。那场比赛很辛苦。

"友好交谈"是用你的语言向他人表达善意。但是你知道吗，向他人表达善意的方法远不止这些？你还可以通过行动，如提供帮助来向他人表达善意。

实践应用（二）

帮忙：

一个女孩子在食堂里把牛奶弄洒了，她正在用餐巾纸把洒在地上的牛奶擦干净。

你： 我可以帮你。我还有一张餐巾纸。

你的一个朋友正准备专程去图书馆送一本书。

你： 我正好要去图书馆学习。我帮你送过去吧。

你的奶奶准备出去倒垃圾。

你： 等等，奶奶，我来帮您倒。

你的姐姐找不到她的背包了。

你： 我来帮你找。

你的爸爸正在搬杂货。

你：嘿，爸爸，我去拿剩下的。

 **练习时间**

找一个朋友或家里的大人，一起练习用本章的方法来开启和继续谈话。具体做法如下：

1. 确定一个主题。明确你想讨论的主题，如漫画书。

2. 使用"像夏洛克·福尔摩斯一样问问题"。想一两个你可以问的问题。如果你们讨论的主题是漫画书，你就可以问："你最喜欢的漫画书是什么？最喜欢的角色是哪一位？为什么？"

3. 使用"分享"。想一两件关于这个主题你可以分享的自己的事情（可以列成清单）。比如，你可以分享你最喜欢的作者、最喜欢的漫画书或最喜欢的漫画书类型。

4. 使用"友好交谈"。想几件你可以做或说的能表现友好的事情。以漫画书为例，你可以主动提出让他从你这儿借一本你最喜欢的，或你可以赞美他收藏的书。

5. 组合使用上述方法。从你的清单中选择一项。比如，问一个问题，然后和你的伙伴开启谈话。如果谈话结束，进行不下去了，你就看看你之前列的清单，选择其他事情来说——

也许是分享你自己的某件事情。

和你的伙伴一起多练习几次。并不是所有谈话都需要使用这三种方法。通过练习，你在和他人交谈时会变得更自在。

也许你只是想像黑鹂一样和一群朋友一起出去闲逛、唠嗑，也许你更喜欢通过不同的社交活动结交一些不同的朋友，也许你更想只拥有一两个亲密的朋友。不管你喜欢什么，黑鹂的方法都可以帮你轻松应对各种社交场合。

第三章

停止争吵，避免打架
鸽子的方法

鸽子大部分时间都栖息在树荫下，咕咕咕地轻轻叫着。鸽子的声音是自然界中最能抚慰人心的声音之一。几千年来，全世界人民都把鸽子看作和平的象征。对于古希腊人来说，鸽子代表爱。你可以使用鸽子的方法来平息怒气、化解冲突。

即使你非常善于结交朋友和维系友谊，要一直和他人好好相处也是有难度的。你在学校有没有和他人因为某件事情，如该轮到谁使用特权卡或该轮到谁分享便携式视频游戏机而争吵过？你有没有跟家人因为做家务或做作业而争吵过？有时候，即使是最好的朋友，也会打架或争吵。打架和争吵都是冲突的表现形式，而冲突有时是无法避免的。

有时候，冲突是由一些很小的事情，如你和朋友不能就看哪一个节目或谁吃最后一块蛋糕达成一致意见引起的。有时候，当人们对一场游戏里发生的事情或如何完成团队项目产生不同意见并互不相让时，冲突看起来会比较严重。当有人得不到公平对待或不遵守规则时，冲突就会产生。冲突的方式有很多种。

不管以哪一种方式发生，冲突都不是一件有趣的事情。如果不能和你最好的朋友好好相处，你就会感觉很糟糕。即使和你不太了解的人产生冲突，你也会感觉愤怒、悲伤或恐惧，而且有些冲突还会给人带来巨大的伤害和痛苦。如果冲突非常严重或持续很长时间，结果就会很可怕。

有一种非常简单且能避免冲突的方式，那就是倾听。倾听他人说话的时候，你就表现出了对他人的尊重。倾听能帮助你了解他们想要什么或需要什么。想想看，当他人不听你在说什么的时候，你该多么沮丧啊。当彼此做不到互相倾听时，冲突就会产生，甚至升级。

贾迈尔的球队和**拉蒂莎**的球队正在学校里玩躲避球的游戏。每支球队只留了两个人在圆圈里。贾迈尔用力地把球扔出去，然后他认为球碰到了拉蒂莎的手。

"你出局了！"贾迈尔大叫道。

拉蒂莎说："球根本没碰到我。"

"绝不可能！"贾迈尔争辩道，"它碰到你的手了。"

"不，没有，我根本没有感觉到。"

"你们都是骗子！"

"小伙伴们，我们走！"贾迈尔冲着他的球队喊道，"他们是一群骗子！"

不让自己为一些不值得的事情去争吵，就可以避免很多冲突。一些事情，如保护自己或他人，在你需要说出"不"的时候，绝对值得你为之争吵。但是为了像贾迈尔和拉蒂莎的躲避球游戏、谁赢了游泳比赛、谁的数学成绩更好、哪所中学更酷、该谁去倒垃圾了或谁拥有最好的滑板这样的事情而争吵，通常是没有多大意义的。很多大争吵都是从小事情上闹分歧开始的，不要让这种情况出现在你身上。想想争吵对自己的重要性，如果认为可以不将它放在心上，那就试试。

什么时候使用鸽子的方法

如果冲突已经发生了，而且你们想终止冲突，那么至少得有一个人站出来解决（终止）它。冲突并不会自行解决，它需要一个领导者。在贾迈尔和拉蒂莎的故事里，这两个人可能都已经意识到躲避球游戏并没有重要到需要为之争吵。拉蒂莎本可以说："我不认为球碰到我了，但如果你认为球碰到我了，那我就出局吧。"或贾迈尔本可以说："可能是我搞错了。下次我要确确实实地让球碰到你。"不管选择上面两种方式中的哪一种，他们原本都可以继续玩游戏。冷静下来，不发脾气，这样冲突就得到了化解。

你可以选择成为一个领导者并解决冲突。鸽子的方法可以帮到你。

方法8　抛硬币
化解小冲突

> 当你想在小冲突变成大冲突之前迅速将它化解掉的时候，使用"抛硬币"这一方法。

最初的时候有些冲突的规模很小。如果没有人愿意站出来化解冲突，即使冲突的规模很小，它也会不断升级并让双方变得很难堪。最好是立即找到快速、公平的方法，把小冲突化解掉。

诸如该轮到谁干或该谁分享等事情上的分歧可以通过简单的"抛硬币"来解决。以前你可能也用过这种方法。你如果看过足球比赛的开场，就很可能看到过这样的场景：裁判通过抛向空中的一枚硬币来决定哪一支球队先开球。

假设你和你的朋友正要去上课，你们为了谁先发言而开始争吵。这时你们中的一个人就可以向空中抛一枚硬币，另外一个人则说"正面"或"反面"。如果说的人选择的那一面朝上，那么他就可以先发言（或最后发言，如果这是你们在争吵的事情）。

实践应用

在学校里,你和他人都想使用同一台电脑。

你: 我们把课堂时间分成两半吧。抛个硬币来看看谁先使用。

家里有两件需要做的家务活(即洗碗和洗衣服),你和弟弟都不想做这两件家务活。

你: 我们来抛硬币,赢的那个人可以选择做哪一件家务活。

家里需要有人去倒垃圾,但是没人记得轮到谁了。

你: 我们来抛硬币,输的人现在就去倒垃圾。

此外,你可以通过其他简单方法来获得具有同样效果的解决方案。例如,你可以用抽签或"石头、剪刀、布"的方法。

方法9 解决问题
化解大冲突或严重冲突

> 当你想化解大冲突或严重冲突的时候,使用"解决问题"这一方法。

如果你们的冲突很严重或很重大,不适合用抛硬币来解决,那就试试用"解决问题"。"解决问题"是指暂停争斗,制订解决方案,选择其中一种方案并付诸行动。解决方案是解决问题或化解冲突的方式。

使用"解决问题"时,你要做的第一件也是最重要的事情是选择化解冲突。要终止冲突,必须得有人迈出第一步。有时要成为迈出第一步的人是很困难的,因为在冲突中你的感受可能会很强烈。但是不要让你的情绪占上风,要成为那个愿意去化解冲突的人。

假设在学校里,你所在的小组和另一小组为谁使用排球场而争执。在双方发脾气之前,你可以控制局面。你可以说:"等等,让我们稍微想一想,或许我们可以找到一种解决方案。一起打比赛怎么样?"

双赢

要想让解决方案发挥作用,那么它必须对双方都有好处,即双方都能获得一些利益,这就是所谓的"双赢"。解决方案如果只对你自己有利,那么就不会让对方感到很高兴。如果一方不开心,那么冲突还会继续。继续往下读,看看艾丽西娅和其朋友间出现冲突的时候都发生了什么。

> **艾丽西娅**和玛丽亚正忙于她们的艺术创作项目。
> 玛丽亚问:"可以请你把浅蓝色的颜料递给我吗?"
> "当然可以,"艾丽西娅说,"但只剩一点点了,所以你不要将它用光。"

"我要用全部,"玛丽亚说,"否则我就不能完成我图片里的天空了。"

"但是我也需要一些。"

"我很抱歉,但是我先要的,我要用多少就用多少。"

"这不公平,"艾丽西娅说,"我们需要一种更好的解决方案。"

玛丽亚说:"你需要找到你自己的颜料,这就是解决方案。"

你觉得艾丽西娅会赞同玛丽亚提出的解决方案以化解她俩之间的冲突吗?她可能不会赞同。让我们再看看另外一个例子。假设你和你的姐姐想要同一个冰激凌三明治。如果你的解决方案是不管怎样,你都要把它吃光,那么你的姐姐会反对你的这个解决方案。她很可能会觉得她和你一样有权吃这个冰激凌三明治。除非你们每个人都能赢得某些东西,否则你们俩都不会开心。对于冰激凌三明治这个例子,你可以将冰激凌三明治分成两半,这样你们俩都能得到一半;或你可以再买一个冰激凌三明治,这样你们俩都有一个。这两种解决方案使你们都得到了自己想要的（双赢）。

有时候，你无法得到你想要的一切，如一个完整的冰激凌三明治。在这种情况下，你可以妥协。这意味着你们俩都得放弃一些东西，这样你们俩才能都获得一些东西。把冰激凌三明治分成两半并和你的姐姐分享时，你就在妥协。你们俩可能都更想拥有一个完整的冰激凌三明治，但是分享已经拥有的这个比你再去商店购买一个冰激凌三明治要简单得多。把冰激凌三明治分成两半，你们俩都放弃了一些东西（半个冰激凌三明治），同时也都获得了一些东西（半个冰激凌三明治）。你们俩都"赢"了。

使用"解决问题"的步骤

1. 选择化解冲突。

2. 定义问题。到底发生了什么冲突？你希望怎么样？对方想要什么？

3. 想出一些双赢的解决方案。把这些建议方案讲给另外一个人听。还要询问对方的想法。

4. 和对方一起选择一个双赢的解决方案，并付诸行动。

实践应用

以下是一些冲突场景,以及关于"解决问题"4个步骤的一些建议。你能想出其他解决方案吗?

情景:你们班的每个人都需要做一场关于一位美国总统的口头报告。你和另外一位同学都想做关于亚伯拉罕·林肯的报告。

解决问题:

1. 选择化解冲突。你说:"也许有一种方式能让我们都得到自己想要的。让我们一起来想想办法。"

2. 定义问题。你们俩都想做关于某一位总统的报告。

3. 可能的解决方案。

- 如果老师允许的话,你们俩一起做报告。

- 问问老师，你们能不能把他的总统任期分开，一个人做他任职早期的报告，一个人做他任职后期的报告。
- 你们两个人都做关于林肯的报告。

4. 选择一种解决方案，并付诸行动。

情景：一个朋友误以为你对他说谎了（但是你并没有）而生你的气。当你告诉他你并没有对他说谎时，他不相信，这让你也很生气。你们开始朝对方大喊大叫。

解决问题：

1. 选择化解冲突。你冷静下来后说："我能理解如果有人对你说谎，你为什么会生气，但是让我们一起来看看我们能否在不争吵的情况下找到解决问题的方法。"

2. 定义问题。你的朋友认为你对他说谎了，并且很生气。你希望他知道你并没有对他说谎。他不信任你，也让你很生气。

3. 可能的解决方案。

- 走开，在你们双方都冷静下来后，如当天晚上，再给他打电话谈论这件事情。
- 主动提出去查明谎言是如何开始的。
- 请一位老师或家长帮你们查明到底发生了什么事情。

4. 选择一种解决方案，并付诸行动。

情景： 你妈妈不想让你打耳洞。

解决问题：

1. 选择化解冲突。你说："妈妈，我们能一起找找我们俩都能接受的关于这个分歧的解决方案吗？"

2. 定义问题。你想打耳洞，但你妈妈不想让你打。

3. 可能的解决方案。

- 你们商定出一个你可以为自己做决定的特定年龄。
- 你们去医生那儿或打耳洞的商店讨论打耳洞的事情。
- 你可以戴耳夹式耳环。

4. 选择一种解决方案，并付诸行动。

 练习时间

想一想最近你跟他人发生的一次冲突。比如，你和你的哥哥因为你们共享的卧室该由谁来打扫而争论或和你的朋友因为听什么歌而争吵。尽量把你能想到的可用来化解冲突的方案都写下来，确保每一种解决方案对你们双方都是有利的。通过思考现有问题的解决方案，你会变得越来越善于找到化解冲突的方案。

裁判

有时，你会和一些对找到双赢解决方案毫无兴趣的人发生冲突，他们仅仅想以自己的方式行事，并不在乎折中方案。你如果不能找到一种公平、双赢的方案来化解冲突，那你可以请一位裁判来帮助你。裁判可以听取冲突双方的意见并选择一种解决方案。大人的世界里有时也会出现这种情况。如果两位大人不能在一个问题上达成折中方案，他们就会请调解员或法官来解决他们的问题。调解员和法官都属于裁判。

如果发现你和他人都不能找到一种双赢的解决方案，就请一位家长、老师或其他大人来担任裁判（有些学校会培养学生成为裁判或同龄人调解员），然后向裁判阐明你的意见或立场，同时让冲突的另一方也说一下他的意见或立场，接着说明你希望怎样化解冲突。裁判听完之后，会想出一到两种解决方案。

方法 10 **冷静下来**
摆脱冲突并控制住情绪

> 当你想摆脱冲突并控制住强烈、愤怒的情绪时,使用"冷静下来"这一方法。

你知道吗,科学家们发现我们的情绪要比思想出现得更快?通常来说,这是一件好事,因为这意味着我们的身体能够对危险迅速做出反应。如果你怕蛇,当有一条蛇滑行到你附近的时候,你的恐惧情绪会让你立刻跳开。但遗憾的是,当你的傻乎乎的哥们儿把一条橡皮蛇挂在你衬衫后面的时候,你也会做出同样的反应。如果有人对你说了一些刻薄的话,你的愤怒情绪会让你立刻想冲对方说一些刻薄的话。

这就是强烈情绪快速出现导致的问题：在更冷静、更理性的想法让我们平静下来之前，它们会让我们陷入冲突。当你身处一场激烈的战斗或争论中时，你的情绪会变得很强烈，甚至很激烈。此时的你很难理性而公正地思考，也很难控制住自己的情绪，不能做出去化解冲突的选择。出现这种情况时，你可能需要"冷静下来"。

"冷静下来"意味着你选择停止争吵，远离和你争吵的那个人。你可以去散步、投篮、读书、画画、写下你的感受，即去做任何一件可以让你冷静下来的事情，而不是继续争吵。一段时间后，你就会冷静下来，然后你就会有一个更清醒的头脑来思考化解冲突的方案。

"冷静下来"的方法

以下罗列了20种"冷静下来"的方法。哪些对你来说最有效？你还能想到其他方法吗？

- 跑步。
- 听你最喜欢的乐队唱的歌曲。
- 吃根香蕉（真的有效）。
- 骑自行车、滑滑板或滑轮滑。
- 写一首诗。

- 做家庭作业。
- 帮助你的弟弟或妹妹完成家庭作业。
- 给你的朋友打电话、发邮件或发消息（但是不要说和你发生冲突的那个人的坏话）。
- 看看你最喜欢的网站。
- 看书。
- 玩单人纸牌游戏。
- 放空。
- 玩单杠。
- 稍微休息一会儿。
- 洗个热水澡。
- 在浴室里唱首歌。
- 画一幅油画或素描。
- 遛狗。
- 爬树。
- 看看家人的照片。

和"解决问题"一样，"冷静下来"需要你成为一位领导者。你需要站出来，控制住你的情绪。如果你暴躁的情绪占了上风，那么你可能会选择打一架，或说出、做出一些真的会伤害到他人的事情,比如你可能会毁了一段美好的友谊。当你太暴躁而不能好好说话时,最好还是先冷静下来。

你如果尊重他人,就可以避免很多冲突。但是有时候冲突是无法避免的。在这种情况下,记住鸽子的方法。记住,要成为自己的领导者,即一个愿意采取行动来终止冲突的人。

第四章

合理制止嘲笑、霸凌行为

蜂鸟的方法

蜂鸟是世界上体积最小的鸟,但也是最勇敢的鸟。众所周知,当狗、猫、鹰甚至人类入侵蜂鸟的领地时,蜂鸟会保护自己及其幼鸟。在面对嘲笑者和霸凌者(即使对方的体格比自己大)方面,蜂鸟给我们树立了很好的榜样。

让我们面对现实吧，地球上的每个人都曾经被嘲笑过。有的时候，嘲笑他人只是因为好玩、有趣，如你的家人因为你喜欢比萨上的泡菜而嘲笑你。但有的时候，嘲笑则意味着刻薄，如学校里的一个同学试图让你因身上穿的衣服而心情不好。

霸凌行为的性质比嘲笑行为更恶劣。霸凌行为指的是用语言或动作伤害他人的真实行为。下面这些行为都属于霸凌行为：

- 嘲笑他人。
- 八卦他人。
- 奚落他人。
- 攻击他人。
- 推搡他人。
- 撕毁或扔掉他人的文件、书。
- 威胁他人。

所有这些霸凌行为都属于冲突的表现形式，但是你很可能无法通过"抛硬币""解决问题""冷静下来"等方法来终止这些冲突。因为欺负或嘲笑他人的人通常对化解冲突不感兴趣，他们就想挑起冲突。这时没有双赢的解决方案，因为霸凌者认为他们赢的唯一方式就是伤害他人。而对于被伤害的人来说，赢的唯一方式就是终止他人的霸凌行为。

每当**贡萨洛**到操场上时,他们班的一群男生就会欺负他。听到他们大喊"嘿,矮子,过来"时,他就知道他们又要开始了。他们会掀翻他的球帽,把他推倒在地。他们叫他"老师的跟屁虫",有一次还让他用鼻子在地上推一枚硬币。

贡萨洛喜欢和朋友们一起踢足球。但是现在他会尽可能地避开操场。午饭时间他就待在食堂里,课间休息时则躲在洗手间里。有时他甚至会假装生病,这样他就可以待在家里而不用去上学。那些男生说,如果他告诉老师他们对他做了什么,那么他的境况会更加糟糕。对此贡萨洛感到很痛苦,但他不知道该怎么办。

发生在贡萨洛身上的事情并不是他的错。他不希望自己被人欺负，他也没有做罪有应得的事情。如果有人欺负你，那也不是你的错，你也不应该被欺负。被人欺负会让人痛苦，没有人必须忍受。任何人都无权在学校、公交车或其他地方伤害你、恐吓你或让你难堪，即便在家里也是如此。

但是霸凌行为经常会发生。霸凌者通常想控制他人和体验权力带来的快感。有些霸凌者想让他人痛苦，因为他们认为这能显示出他们有多强大。有些霸凌者则认为让他人哭或让他人表现出恐惧很有趣。很多霸凌者受到的教育是，欺负他人是他们获得想要的东西的最佳方式。他们也曾被教导，强权即公理。很多人都有在家里被欺负的经历，最后都会很愤怒。而愤怒的情绪是很难被压制的，必须发泄出来，最终霸凌者就将恶气出在了他人身上。

不管出于什么原因，欺负他人都是不对的。没有人应该体验贡萨洛那样的感受。如果有人欺负你，你就有权力去终止这种行为。你可以使用你的文字语言和肢体语言去制止霸凌行为。在这一章中，你将学到能帮助你达成这一目标的一些方法。通过练习并使用这些方法，你就能够制止更多霸凌行为，就能够更频繁、更自信地应对霸凌行为。但是，当这些方法都不能解决问题的时候，你需要向大人寻求帮助。这样做并不是在打小报告。

告发不是打小报告

霸凌者喜欢那些不会把被人欺负的事情告诉任何人的受害者,因为受害者本身也不想陷入麻烦。如果大人没有发现孩子被欺负,霸凌者就会一直掌控局面。而这种掌控权就是霸凌者想要的。

有时候孩子们会害怕告发欺负他们的人。他们不希望自己被认为是在打小报告或"娘娘腔",或害怕一旦告发霸凌者,他们的境况就会更糟糕。千万不要这么认为,如果你不告发欺负你的人,那么他们只会更猖狂。

你有权去上学,也有权不受欺负。这项权力在大多数团体里都受到法律和规则的保护。学校应该提供一个安全的学习环境。这意味着校园里不应该发生霸凌事件。你或他人如果受欺负了,那么可以私下告诉大人——父母、老师、校长或其他可以信任的人。如果担心霸凌行为会演变得越来越严重,就把你的担心一并告诉大人,向大人寻求你需要的隐私保护。告发霸凌者并不是在打小报告,而是在维护你自己和他人的权力。

避免被欺负

制止霸凌行为的一种方法是一开始就阻止它的发生。其中一种做法就是表现得自信。霸凌者通常会选择那些看起来害羞或不自信的人下手。因为这些人看起来不太会维护自己。要看起来自信,你需要做到以下几点:

- 站直。
- 昂首挺胸。
- 直视霸凌者的眼睛。
- 用坚定的语气说话。

如果不表现出害怕,你就不太会成为被欺负的对象。

另一种有助于你免受欺负的方法是和朋友们及其他人待在一起。霸凌者喜欢欺负那些独来独往的人。你不需要和每个人

都成为好朋友，但是出去玩的时候尽可能和其他人在一起。

结交朋友、维护友谊的最佳方式是表现得友好。你如果羞于交朋友，那就看看黑鹂的方法（本书的第二章），里面有一些可以帮到你的方法。

什么时候使用蜂鸟的方法

现在你知道了吧，霸凌者想从受害者那儿获得控制权和体验到权力带来的快感。而他们得到这些的主要方式就是让他人哭、生气或感到害怕。那么如果有人开始欺负你，你该怎么让他们离你远一点儿呢？不要给予他们想要的权力，不要让他们通过让你做事情来控制你。

即使感到不安，也不要表现出来。不要哭，也不要攻击欺负你的人，要清楚地表明只有你才能控制你自己。如果你没有做出霸凌者想要的反应，他们就不会产生欺负你的兴趣。他们会发现你不是一个容易下手的对象。蜂鸟的方法可以帮到你。

方法 11 用"我"的力量应对嘲笑
告诉他人你不喜欢被嘲笑

> 当你想告诉他人你不喜欢被嘲笑时,用"我"的力量。

还记得蓝松鸦的方法——用"我"的力量(方法1)吗?它也可以是蜂鸟的方法。如果被人嘲笑了,那么该做的第一件事情就是用"我"的力量让那个人停下来:"请停止这么做!""停下来!"通常情况下,嘲笑者只是想找点儿乐子,他们并不知道嘲笑你的行为会伤害到你。如果是这种情况,通常你只要让那个人停下来即可。如果这样做行不通,那么你可以使用更有效的"我"的力量:"我要求你停下来,而且我要求你现在就停下来!"你还可以用质问的语气问一个问题,比如:"我都要求你停下来了,你为什么还要这样做?"

记住,当你用"我"的力量的时候,你的肢体语言,还有说话的语气都非常重要。要站直,直视那个人的眼睛,而且不要走开。说话时要口齿清晰、语调沉稳,不要威胁他人或表现得刻薄,但一定要真诚且直接。完事后就直接走开。

实践应用

我让你住手。

我不喜欢这样。请停下来。

别烦我。

停下!

住手!

 练习时间

自己练习用坚定的语气说话,也可以和朋友一起练习,然后找一个家里的大人一起练习。当嘲笑者看到你能在必要的时候做到坚定且自信,他们会觉得很意外。

方法 12

耸肩
告诉他人嘲笑并没有给你带来困扰

> 当你想告诉他人他们嘲笑你的行为并没有给你带来困扰的时候,使用"耸肩"这一方法。

一种可以快速、简单又有效地应对嘲笑的方法就是耸肩。通过耸肩,你可以向嘲笑者表明你根本不在乎他们说的话,你一点儿也不关注他们。你可以走开,把目光移开,表现出觉得很无聊的样子。你如果想的话,还可以微笑或大笑。说一些类似"谁在乎呢""那又怎样"的话或许也有用。对于正在嘲笑你的人,应尽可能地给予其最少的关注。

会耸肩的伟大运动员

如果在电视上看过体育频道,你就会发现伟大的运动员都很擅长耸肩。大多数人认为的有史以来最棒的篮球运动员迈克尔·乔丹,也很擅长耸肩。其他运动员也会诋毁或嘲笑他,试图扰乱他的注意力,但是这个时候乔丹往往只微笑,并慢慢跑开，有时甚至大笑。他从来不会让他人的评论分散他在比赛时的专注力。

再强调一遍，肢体语言非常重要。用"我"的力量时，要直视嘲笑者的眼睛，但是做耸肩这个动作时，你根本不需要看他们。你的目光要越过他们，而且你不需要和他们说话。更关键的是，要让嘲笑者知道，他们的评论对你来说根本不重要。

方法 13 用神奇的"可能"
让嘲笑者无话可说

> 当你想通过让嘲笑者无话可说来制止嘲笑你的行为的时候,用神奇的"可能"。

应对嘲笑行为的另一种更加直接的方式就是把谈话的控制权从嘲笑者那里夺过来。嘲笑者想让你对他们的话做出害怕或痛苦的反应。用神奇的"可能"可以让他们措手不及,让他们几乎无话可说,让其嘲笑行为失去意义。

用神奇的"可能",意味着你既不同意也不反对嘲笑者。你可以说一些诸如"你可能说得对""我可能"的话,这样你就不会陷入争吵,也不会生气或害怕。你只是让谈话无法继续下去,于是嘲笑者就没什么可说的了。

实践应用(一)

嘲笑者: 你不知道怎么拼写。

你: 你可能说得对。

嘲笑者： 你的衣服好丑。

你： 你可能说得对。

嘲笑者： 我说对了，那件衬衫你是在清仓甩货时买的吧？

你： 你可能说得对。

用神奇的"可能"时，不一定非得说"可能"。你也可以使用其他词如"也许""或许"来达到同样的效果。

实践应用（二）

嘲笑者： 你的手机里是垃圾！

你： 或许吧。

嘲笑者： 你傻吗？

你： 也许是吧。

嘲笑者： 嘿，小子，轮椅不错。难道你不知道怎么走路吗？

你： 或许不知道吧。

嘲笑者： 你太逊了。

你： 或许是吧。

用神奇的"可能"也会让你无话可说，就跟嘲笑者一样。所以，使用两三次神奇的"可能"后，只要忽视嘲笑者即可。你已经表明了你的态度，嘲笑者已经知道你并不是一个有趣的可戏弄对象。

方法 14

王者归来
用强有力的方式回应嘲笑

> 当你想用一种强有力的方式来回应嘲笑你的行为的时候，使用"王者归来"这一方法。

如果你已经用"我"的力量来制止嘲笑行为，但是仍然不起作用，那该怎么办？如果你就是无法对着嘲笑者做出耸肩的动作，那该怎么办？如果不适合用神奇的"可能"（因为你想明确表明你不同意嘲笑者说的话），那又该怎么办？

你如果觉得需要采取一些更有效的措施来把掌控权从嘲笑者手中夺回来，就可以使用"王者归来"。"王者归来"是一种聪明或幽默地应对嘲笑行为的方法。使用这一方法意味着你不会屈服于嘲笑行为，而且嘲笑你并不有趣或容易。你掌控了属于你的那一半话语权。

使用"王者归来"时应该表现得自信或幽默，而不应该威胁他人或对他人刻薄。否则可能发生最糟糕的事情之一：由于他人欺负你，你把自己也变成了一个霸凌者。不要让他人这么对你。你如果不变得刻薄或充满暴力，就会更尊重自己，其他人也会更尊重你。

注意：使用"王者归来"时，关键得记住不能做得太过火。如果觉得你们之间的争论已经到达白热化的地步、说话声音很大或双方都很生气了，就停止说话，立即走开。对方握紧拳头了吗？对方呼吸急促或瞪大眼睛了吗？如果是的话，你就该走开了。如果在一个人开始骚扰你之前，你已经知道这个人很危险，就不要使用"王者归来"。在这种情况下，你的最佳选择是尽快向大人寻求帮助。

有三种使用"王者归来"的方式：用"你"的力量、完全否认和说"我听不见你说什么"。

"王者归来"1：用"你"的力量

嘲笑你的人会把你当成他们说刻薄话的靶子。他们把注意力放在你的身上，试图让你难受。用"你"的力量可以把注意力引到嘲笑者身上。用"你"的力量是指以"你"字开头的句子回应嘲笑者。先用"你"或"你的"开头的句子表明他们的嘲笑行为是不对的，然后径直走开。同样，你不应该刻薄，应该真诚且直接。

实践应用（一）

嘲笑者：你的说话方式真滑稽，你有什么问题吗？

你：除了你，好像大家都能明白我说的意思。

嘲笑者：嘿，发型不错。你看起来像个傻瓜。

你：我的发型与你无关。再说了，我就喜欢这样。

用"你"的力量的时候，要注意自己说话的语气和肢体语言。如果你过于强调"你"字，那么其他人可能会误解你。他们可能会认为你很刻薄或想打一架。下面介绍聪明地和不太聪明地用"你"的力量的方式。

下面是一些例子,当你读到它们的时候,想一想该用什么样的肢体语言和语气。

嘲笑者: 你的棒球打得真烂。
你: 也许你认识的人棒球都打得很好吧。我知道我打得不好。

嘲笑者: 你的屁股真大!
你: 你为什么对我的屁股这么感兴趣?不管怎么样,我都不在乎你怎么想。

嘲笑者: 四眼鸡,四眼鸡!
你: 你是认真的吗?你以前都没见过戴眼镜的人吗?

 **练习时间**

当你阅读到"方法14 王者归来"的时候,你的大脑就已经在练习了。请先对着镜子大声练习(在大声练习"王者归来"的时候,也练习一下肢体语言和说话的语气),然后找个人,如家里的大人、兄弟姐妹或好朋友一起练习。让对方嘲笑你,这样你就可以练习如何回应刻薄的话。之后互换身份,你

假装嘲笑对方，让对方对你刻薄的话做出回应。这能让你发现什么样的回应对于嘲笑者来说是最有效的。

"王者归来"2：完全否认

"完全否认"的意思是否认嘲笑者说的每一件事情。比如，如果有人说你有雀斑，那么你可以说："不，我没有。"（即使你的确有雀斑）如果嘲笑者说"你的鼻子看起来真滑稽"，那么你可以说："不，我没有。"即使嘲笑者说天空是蓝色的，你也可以说："不，天空不是蓝色的。"在你完全否认了几次后，嘲笑者通常会厌倦于试图让你沮丧，不再嘲笑你。如果他们还在取笑你，你就无视或离开他们。你已经表明了你的态度，你不是一个有趣的被戏弄对象，也不是一个好惹的对象。每次嘲笑你后他们都将得到同样的反馈——完全否认。

实践应用（二）

嘲笑者： 你玩起来像个孩子。

你： 不，我不像。

嘲笑者： 你走起路来像个怪胎。

你： 不，我不像。

嘲笑者： 像，你的确像，不信你照照镜子。

你： 不，我不像。

嘲笑者： 你从来都不洗澡的吗？你闻起来很臭。

你： 不，我不臭。

嘲笑者： 噗——你自己闻闻。

你： 不，我不臭。

"王者归来" 3：说"我听不见你说什么"

"我听不见你说什么"的意思是你假装听不到嘲笑者说的话。每当有人嘲笑你的时候，你都像这样回应："我听不见你说什么。"和其他"王者归来"方法一样，只要用几次这种方法，你就可以清楚地表明你是不会屈服于他们的嘲笑行为的。你不想挑起一场争论或吵架比赛，也不想打架。做了几次以后，你只需要走开或无视嘲笑者。你已经表明不管是现在还是将来，你对他们来说都是不好惹的对象。

实践应用（三）

嘲笑者： 当你坐下来的时候，整个房间都在颤抖。

你： 我听不见你说什么。

嘲笑者： 我说你很胖。

你： 很抱歉，我听不见你说什么。希望你说的是一些好话。

嘲笑者： 你觉得你很聪明，不是吗？

你： 我很抱歉，我听不见你说什么。

嘲笑者： 你是个书呆子。

你： 抱歉，我听不见你说什么。或许我们可以改天再聊。

嘲笑者： 嘿，小狗牙，你的狗牙不错。

你： 不好意思，你刚刚说什么了吗？

嘲笑者： 是的，我说你的牙很漂亮，小狗牙。

你： 我听不见你说什么，改天再和我说吧。

如果你就是霸凌者呢

如果有人欺负你，本章中的方法就可以帮到你。但是霸凌者也需要得到帮助。你如果认为自己正在成为一个霸凌者，那么可以尝试改变。先选择改变，然后向曾经被你欺负或嘲笑过的人道歉，试着去弥补你曾经犯下的过错。具体有两种弥补方式，一种是邀请被你欺负过的人和你一起玩，还有一种是当有人欺负他们的时候你为他们挺身而出。做这些事情会让你自我感觉更好。你如果需要帮助，就找大人，家长、老师，还有校长都是你可以与之讨论霸凌行为的好对象。此外，学校里也许有能帮助你们应对霸凌行为的受过培训的辅导员或心理学家。他们可以帮助霸凌者学会尊重自己和他人。

方法 15　消失法
避开有危险的环境

> 当你可能有危险且需要避开的时候，使用"消失法"这一方法。

大多数时候，用"我"的力量、耸肩、用神奇的"可能"或用"王者归来"中的任何一种方法都可以制止嘲笑行为或非暴力的霸凌行为。但是如果这些方法都不起作用的话，该怎么办呢？出现这种情况的时候，你需要远离霸凌者，把你遇到的事情告诉老师或其他大人。这就是所谓的"消失法"。

此外，还有一个使用"消失法"的时机，即当霸凌行为或其他情况会令人陷入危险的时候。何时身处险境，通常是很容易判断的。相信自己的直觉。如果一群同学围着你或在操场上推你，你就危险了。如果有人对你说"我要给你一个永世难忘的教训"，你就危险了。如果在更衣室里一群看起来很刻薄的人开始靠近你，你就危险了。如果看到一个霸凌者拿着武器，如一个球拍或一把刀，你就真的危险了。

如果发现自己处于上述处境或其他危险境地，就赶紧消失，赶紧和你的朋友一起去安全的地方，如校长办公室、有老师在的教室或你家。你可以向老师或家长了解其他可以去的安全场所。无论你选择的地方在哪儿，那儿都要有可以帮你的大人。到那儿之后，告诉他们你遇到的问题并向他们求助。

如果不能在他人攻击你之前跑开，就尽量保护好自己。如果不得不打一架，那么你就和对方打起来，让攻击者远离你。如果可以的话，就大声呼救，或让其他人去寻求帮助。

"消失法"是蜂鸟的方法中最重要的方法。即使是勇敢的蜂鸟，它也知道什么时候该离开。同样，你也应该知道什么时候该离开。

关于陌生人的提醒

当有陌生人接近你并让你感觉不安全或不舒服时，你也要使用"消失法"。你要远离那些试图让你上他们车或让你和他们一起去某个地方的陌生人。即使他们说是你妈妈或爸爸让他们来接你的，你也别相信他们。如果他们试图抓你，你一定要使劲挣扎、大声呼救，并跑开。即使那个陌生人没有和你说话，没有抓你，但是他让你感觉不舒服，你也要走开，然后立即把陌生人的行为告诉老师或其他你认识并信任的大人。

关于制止嘲笑行为和霸凌行为，还有一点值得注意，即让校园安全而充满乐趣是每个学生的责任。这包括那些在校园里没有被欺负但是目睹了霸凌行为的人。蜂鸟的方法可以帮你照顾好自己。如果看到他人被欺负了，你也可以帮助他们，走到霸凌者面前，然后说："嘿，离他远点儿！"如果可以，带上你的朋友："他是和我们一起玩的，请你往后退。"你可以通过邀请独自行动的同学跟你和你的朋友一起出去玩来阻止霸凌行为的发生，这样独自行动的同学就不容易成为被欺负的对象。霸凌者们认为欺负他人是一件很酷的事情，如果你和朋友们一起站出来反抗他们，他们就会知道欺负他人一点儿也不酷，而且也不好。

第五章

理智应对指责
乌鸦的方法

农民有时会责怪乌鸦祸害了庄稼。的确，乌鸦应该受到一些指责，因为它们喜欢吃玉米和其他农作物。但是乌鸦不应该承受所有指责，因为它们也会吃一些危害农作物的害虫。

乌鸦是最聪明的鸟类之一。它们有超强的记忆力，而且善于总结经验。乌鸦的方法不仅能够帮助你总结经验，而且能够帮助你应对指责。

作为人类的一个好处就是你有权力为你生活的许多方面做选择。你虽然不能选择长多高、跑多快或是否拥有大鼻子、小脚趾，但是可以选择通过健康饮食、锻炼、好好休息来善待你的身体。你还可以选择通过表现得友善而不刻薄，表现得真诚，以及尽力融入校园生活，来尊重自己和他人。你有一种做出正确决定的神奇力量。

当然，有时候你也会做出错误的决定——每个人都会这样，人无完人。比如，你可能会选择在考试之前不复习，结果考试

成绩很差；你可能会选择发脾气，对你的朋友说一些刻薄的话；你可能会选择在邻居家附近玩抛接球游戏，结果球把邻居家的窗户给打破了，你可能会就谁干的选择说谎。

但是即使做了一个错误的决定，你仍然可以做其他选择。这一点非常重要。你可以选择如何处理你的决定，可以选择说这是其他人的错，可以选择假装什么都没有发生，也可以选择为你的错误买单。

为自己的错误决定和所犯的错误买单意味着你要承认错误，为错误跟他人道歉，并试着弥补。这是成长过程中很重要

的一部分，因为每次你为自己的错误买单之后，你都会有所成长。

■ 你学会了不再犯同样的错误，这让你变得更聪明、更安全（也更快乐）。

■ 你首先会思考为什么你会犯这样的错误，这将帮助你更好地了解自己。

■ 你为其他同学树立了很好的榜样，也赢得了他们的尊重和友谊。

■ 你为自己赢得了更多信任和尊重。

正确应对严重的错误和重复的错误选择

如果真的做了错误的选择，做了一些像打架之类的事情，就会对自己或他人造成严重的伤害，最终你可能会得到家、学校的处罚，或被追究法律责任。尽管如此，你仍然可以选择为这些错误买单，而且更重要的是，你可以选择不再犯同样的错误。显然，最糟糕的错误之一是一次又一次地做出错误的选择。

如果养成了做此类错误选择的习惯，你就很难得到他人的尊重，你自己也很难尊重你自己。如果犯了一个严重的错误或可能已经养成了做错误选择的习惯，可以找一个你信任的大人谈一谈，请那个人来帮你。如果不知道怎么开口，可以这样说："爸爸，我能和你谈谈吗？我有心事。我一直和会偷东西的人一起玩。我觉得这样不好，而且我想改变，但我不知道该怎么改变。"记住，你可以改变！

为错误的选择和所犯的错误买单的表现之一就是应对指责。如果做了某件错事，你就很可能会从他人那儿听到指责的话（可能都不需要我来告诉你）。当你做错事情的时候，有些人会善意地纠正你，还有些人则可能会用一种刻薄、发牢骚式的方式对你大喊大叫。这完全取决于那个人的感受及错误的严重程度。

但他人怎么说你并不是那么重要，重要的是你该如何回应。本章中的方法旨在帮助你学习如何以一种负责任的方式来应对指责。

方法 16　我的错
承认过错并进行弥补

> 当你想弥补之前犯的过错时,使用"我的错"这一方法。

当他人因为你做的某件事情而责备你时,"我的错"(像这样说:我——的——错)就是一种回答他人的方式。"我的错"的意思就是"我的过失"。这意味着你将为你所犯的过错负责,并进行弥补。

使用"我的错"时,你需要简单说出你做的事情的真相,然后道歉。你可以这样说:"你说得对,我的确是那样做的,我很抱歉。""你说得对,确实出了差错。"使用"我的错"这一方法时,你就选择了不争论,不辩解,或不为自己找借口。你选择认同指责你的那个人所说的话,并为你所做的事情负责。

实践应用(一)

操场值班老师： 你刚刚把那扇窗户打破了。

你： 是的，确实是我干的，我真的很抱歉。我该找谁来维修呢？

奶奶： 昨晚你没有按约定洗碗。

你： 我知道，对不起。作为弥补，接下来两个晚上都由我来洗碗。

你还可以选择弥补过错。如果对某人（或你自己）做了错事，或做错了某事，就改正，为你的行为承担责任。如果在考试中作弊了，就问问老师你该怎样弥补。如果偷了什么，就把偷的东西还回去。弥补过错、不再重蹈覆辙是表明你真的感到抱歉的最好方式。

假设你对一个女生（她是你的一个好朋友）说了一些很刻薄的话，之后你仅对她说"对不起"可能还不够。即使你说了"对不起"，你的朋友可能还是会因为你说的话而受伤。要让事情往好的方向发展，你需要向你的朋友表明你很在乎她。你可以这样说："我当时心情不好，把气出在你身上了。我根本不是那个意思。其实有你这样的朋友，我感到很幸运。"你还可以给她一张便签或一份礼物来提醒她——她对你很重要。

使用"我的错"的步骤

1. 选择为你的行为负责。
2. 为你所做的事情跟他人道歉。
3. 努力把事情重新做好。

实践应用（二）

校长：今天我看到你在操场上嘲笑一位同学。

你：您说得对，我错了。

校长： 如果其他同学嘲笑你，你会有什么感受？

你： 不舒服。我要去道歉，对他说些好听的话。我再也不会这样做了。

老师： 你今天的科学考试不及格。你得开始学习了。

你： 您说得对，我需要做得更好。

老师： 你需要更加努力学习。

你： 我真的很想进步。您能帮帮我吗？我该怎么做才能更好地学习和记住知识呢？

方法 17　绝不可能
告诉他人你不应该受到指责

> 当你想告诉他人你不应该受到指责时,使用"绝不可能"这一方法。

就像乌鸦一样,有时你也会因为一些错误而受到指责,即使这些错误不是你造成的。有时候它只是一个误会。有人认为你做了什么,如撒谎或逃课,但实际上你并没有。有时候,有些人可能会指责你,以逃避自己的错误或事故责任。当你知道你不应该受到指责的时候,"绝不可能"这一方法可以帮你说出来。

当你不应该受到指责的时候,要澄清事实,这和你做错事时要接受指责一样重要。如果事实没有得到澄清,那么你可能会遭受不公平的待遇。你可能会落得一个不应该属于你的坏名声,这会影响人们对待你的方式及对你的信任程度。

当人们不恰当地指责你时,使用"绝不可能"这一方法来澄清事实、为自己辩护。保持冷静,不要用防御性的态度。你不必真的说:"绝不可能。"相反,你可以使用诸如"不""没有"这样的否定词,清楚而直接地表明"你错了,那不是我干的""那不是事实"。

当他人不相信你的时候,你可能很难保持冷静,可能更想大喊大叫、跺脚,但是请尽量不要表现出沮丧。控制好你的情绪,并重申你是无辜的。

实践应用(一)

老师: 约书亚说你偷了他的苹果。

你: 我没有偷任何东西。我不会那么做的。

老师: 我看到你吃苹果了,你确定那不是约书亚的苹果?

你: 我确定。我自己买的。我没有偷。

校长: 有人报告说你今天在学校欺负一些同学了。

你: 这不是真的。我没有欺负任何人。

校长: 如果真这样做的话,你就会有大麻烦。

你: 我知道,所以我没有欺负同学。

同学: 你总是在我的储物柜旁边扔垃圾。你得停止这样干。
你: 你错了。我从来没有这样做过。
同学: 你真是一个邋遢的人。这肯定是你的东西。
你: 不是的。
同学: 我不相信你。
你: 你可以选择不相信,但我说的是实话。

除非你说的话全部都是真的,否则不要使用"绝不可能"这种方法。如果确实因错误中的某些部分而受到指责,就承认错误,但要指出对你的指责中不正确的部分。如果完全是你的错,那么你最好还是承认错误并进行弥补,而不是在这件事情上撒谎。进行诚实地表达,你将会忠于自己,而且他人也会试着去相信你说的话。

实践应用(二)

当你应该受到一些指责的时候:
叔叔: 我看到你背包里有一包香烟。我们得谈谈这件事情。
你: 这包香烟不是我的。我不抽香烟。

叔叔：香烟就在你的背包里。

你：是我让学校的朋友塞到里面的,这样他就不会有麻烦。

叔叔：这样做的你可不太聪明。现在你有麻烦了。

你：您说得对,这样做的我确实不太聪明。我不应该让他把香烟放在我的背包里。

老师：你的报告看起来像是全部从百科书上抄的。我必须给你一个F。

你：我没有全部抄袭。只有结尾部分是抄的。

老师：即使是很小一部分,那也太多了。你应该自己完成。

你：我知道抄袭是不对的。我能写一份新的报告来弥补吗？

关于乌鸦的方法,要记住的最重要的一点是得讲真话。当你做了错误的选择或犯错时,害怕陷入麻烦是很正常的。但是如果在受到指责时你选择撒谎,那么以后其他人会很难再相信你。即使你没有撒谎,他们可能也会认为你在撒谎。

你还会失去诚信。要做到诚信就得对自己诚实,并让自己成为一个善良诚实的人。坦诚面对错误并让自己面对麻烦比因为撒谎而失去他人的信任（即自己的诚信）、使错误变得更严重要好得多。

第六章

积极摆脱负面想法
猫头鹰的方法

和其他猛禽一样，猫头鹰在等待猎物时也十分冷静和专注。猫头鹰与大多数鸟类的区别之一是它在夜间觅食。这是因为猫头鹰在黑暗中也能看得十分清楚、飞得很快（如果你是一只老鼠的话，这可是一个坏消息）。有时候你会有一些不愉快的感受，这会让你觉得内心有点儿烦躁。感觉内心烦躁的时候，你会很难保持冷静，也很难集中注意力。猫头鹰的方法可以帮助你在黑暗中看清楚，不会让事情变得更糟。

到目前为止，这本书已经讲解了很多方法来帮助你与他人进行沟通。因为人是社会性生物，所以具备良好的沟通技巧十分重要。不管你是在学校里还是在其他地方，良好的沟通技巧都是提高人际交往能力的最佳方法。

此外，还有一点十分重要——与自己好好相处。这意味着你要让自己感到舒适，理解自己的想法和感受。

我们时刻都会有各种感受在内心里打转。比如，在自助餐厅排长队的时候，你可能会感到很不耐烦；在热天喝冰苏打水的时候，你可能会感到神清气爽；在学习做分数乘法的时候，你可能会感到沮丧。

如果没有感受的话，你就变得像一个机器人。你不知道什么是开心，也不知道什么是爱、什么是兴奋、什么是善良，也不能享受和朋友或家人待在一起的时光，甚至无法享受玩耍、

跳舞、阅读、唱歌、吃美食和闲逛带来的乐趣。感受就像盐和糖一样，会给我们的生活带来各种各样的滋味。

当然，如果没有感受的话，你就永远体会不到恐惧、担忧、愤怒、内疚、沮丧、悲伤及其他不开心的感受。你也许会想，没有上面这些感受的生活会很美好。但事实是这些负面感受也十分重要。恐惧会让你在遇到危险的时候逃跑；担忧会促使你做一些事情，或者让你提前为未来做好准备；愤怒会让你去阻止他人做伤害事件；内疚可以帮助你远离伤害；沮丧会引导你去向他人寻求帮助；当你不得不经历一些十分痛苦的事情（比如失去了亲人）时，悲伤可以帮助你疗伤。

不开心的感受也能帮助你成长和改变。如果对自己做过的事情或发生在自己身上的事情感到不开心，你可能就会下决心去学习和提升自己。此外，不开心的感受还能让你更加珍惜美好的时光。而且，每个人都会经历艰难的时期，都有感到不开心的时候，而这些不开心的感受可以让你觉得你与他人之间是有联系的。当他人在遭受痛苦的时候，你能理解他们的感受，这有助于你建立稳定的人际关系。

感受和想法

每次你在应对不开心的感受时，你都在学习和成长。用你的想法应对不开心的感受是最好的应对方法之一。这是因为想法和感受是互相关联、互相影响的。

举一个例子。假设你很生气，因为你认为你的朋友在说你的闲话。你的想法是你的朋友在说你的闲话，导致你有愤怒的感受。你的感受来源于你的想法。再假设你发现她并没有在说你的闲话，于是你愤怒的感受发生了改变。是不是这样？这是因为事实的真相——你发现她并没有说你的闲话，可以改变你的想法。

显然，你如果发现自己错了，就很容易改变自己的想法和感受。再来看另外一个例子。假设你感到非常糟糕，因为你没能成功加入一支足球队。这时候你的想法和感受是什么呢？

> 你的**想法**是没能成功加入足球队，你的**感受**是沮丧的。

这次你知道了事实——你没能成功加入足球队，而且事实不会发生改变。

那么这次你该如何改变你的想法和感受呢？显然，这次你依旧可以改变自己的想法。与其去想没能成功加入足球队是多么糟糕，不如去想一些积极的事情。比如，你可以想：

■ 还有哪里可以踢足球（如操场上，当地的男孩或女孩俱乐部）？

■ 为什么世界上一些最优秀的运动员没有加入他们曾经尝试加入的队伍？

■ 可以尝试加入跨国队伍。

■ 在我看来，是他们错过了拥有出众天分和能力的我！

你的想法非常强大，既可以让你感觉更好或更差，也可以让你感觉更强或更弱。有时候你的想法会夸大事情的恶劣程度，让你认为实际情况更糟。没能加入队伍的确令人沮丧——特别是当这件事情对你来说很重要时——为此感到不舒服是正常的，但是不要过分地为难自己。让我们来看看亚娜的糟糕的一天。她是如何应对的？

亚娜放学回家后，直接跑进房间，把书包扔在地上，然后躺在了床上。之后亚娜就一直躺在床上，直到她的爸爸来叫她吃饭。他走过来，问亚娜发生了什么。

"我太尴尬了，"亚娜说，"我在学校餐厅吃饭的时候摔倒了，盘子里的饭菜都洒了。当时有一百个人在嘲笑我。我真是又蠢又笨。"

"亚娜，每个人都会有发生意外的时候。这不意味着你很蠢或很笨。"

"但是，爸爸，从来没有人发生过这样的意外。这是最糟糕的意外。我不想再回那个地方去了。"

何时使用猫头鹰的方法

一些不快乐的感受会扰乱你的生活，让你更难完成任务，或让你认为实际情况更糟。出现这种情况的时候，试着通过改变你的想法来改变你的感受。亚娜如果像她的爸爸一样告诉自己"那只是一场意外"，也许就不会感到那么沮丧了。每个人都会犯错。改变自己的想法并不总是那么简单，世界上也没有神奇的方法可以让自己时时都感到开心。但是你只要试着改变自己的想法，也许结果就会让自己大吃一惊。猫头鹰的方法可以帮到你。

方法 18　用"但是"扭转局面
摆脱那些阻止你完成任务的想法

> 当你想摆脱那些阻止你完成任务的想法时,用"但是"扭转局面。

无助、恐惧、尴尬和担忧的感受会让任务变得很难完成。你如果有"我不能"这样的想法,就很难摆脱这些感受。

比如,认为家庭作业十分难,心想"我不会"时,你可能就会害怕写作业,甚至对必须完成作业感到愤怒。这些感受会阻止你完成作业。又如,你对在班级同学面前演讲感到担忧,这时"我不会"这种想法是起不了任何作用的。你知道你必须要去做这些事情。如果不能完成家庭作业或演讲,你就会挂科或得到一个很低的分数。

用"但是"扭转局面是一种方法,你可以用它摆脱"我不能""我不要""我不想"等一切会让你退缩的想法。用"但是"扭转局面的意思是用"但是……"的语句将负面想法转换成正面想法。比如,假设你有一项很难的数学作业,心想"我不想完成这项作业",这个时候你就可以用"但是……"来摆脱这种想法。具体做法可以是:"我不想完成这项作业,但是我可以先做一点儿,看看这项作业到底是怎样的。""但是我可以先做完所有我会做的,剩下的我可以去问我的哥哥。""但是我越快做完这项作业,就能越早去做别的事情。"任何一种用"但是"扭转局面的做法都可能促使你去完成这项作业。

 练习时间

以下是一些常见的用"但是"扭转局面的语句,你可以使用这些语句来摆脱那些阻止你完成任务的想法。你可以自己在脑海里练习说这些语句。为了让自己真的变得积极起来,大声说出这些语句。

"……但是完成这个以后我会很开心的。"

"……但是这个真的没有那么难。"

"……但是有需要的话,我可以寻求帮助。"

"……但是我不一定要完美地完成。"

"……但是这个并不会杀了我。"

"……但是我能处理好。"

"……但是我会挺过去的。"

"……但是明天我会感觉好些的。"

用"但是"扭转局面的核心:使用一些简单的语句让自己去完成需要完成的任务。如果要等到你想做某事的时候再去做的话,也许你永远都不会去做。

实践应用

你得为写一篇关于部分神经系统的报告做些研究。你心想:

我不想做这项作业……

但是能完成的话就太好了。

但是事实上我挺喜欢科学的。

但是这项作业不会花费我很长时间。

老师要求你在课间把黑板擦干净,因此你很沮丧。你心想:

我宁可在外面玩……

但是我可以在下个课间去玩。

但是擦黑板的确可以帮到老师。

但是如果这次我擦黑板了,短时间之内我就不需要再擦黑板了。

一个邻居让你帮忙铲一下人行道上的积雪。你心想:

这也太冷了……

但是帮助他人是一件好事。

但是铲雪的时候我就暖和了。

但是铲雪并不会花费我太长时间。

你需要去看牙医。你心想:

看牙医太恐怖了,我做不到……

但是如果我不去看牙医,也许我的牙齿会有更加严重的问题。

但是看完之后,很长一段时间内我都不用去看牙医了。

但是看牙医很快的。

为了摆脱那些阻止你完成任务的想法,你必须关注那些积极的想法。你应该把"我不能"等想法扭转过来!你越频繁地这样做,你就会变得越好。

方法 19 **消除负面想法**
摆脱"可怕"的想法

> 当你想摆脱那些"可怕"的想法的时候,使用"消除负面想法"。

一些不开心的感受会因为自己认为的"可怕"的想法而变得更加糟糕。"可怕"的想法会让你更伤心、更愤怒、更恐惧……你以前或许有过这类想法,如"每个人都讨厌我""我太蠢了""我讨厌生活""都是我的错"。

如果有前面这类想法的时候,那你就对自己过于苛刻了。你可以用"消除负面想法"来摆脱那些"可怕"的想法。"消除负面想法"真的可以用来消除"可怕"的想法。有时候会有一些不好的事情降临到你的身上，但同时也会有好的事情来到你的身边。"消除负面想法"的核心就是时刻提醒自己：不要因为那些你告诉自己的话而让事情变得更加糟糕。

每个人都会经历艰难时刻，这是生活的一部分。艰难时刻，如你的爷爷（外公）去世时，或你在车祸中受伤时，也许你真的很痛苦，需要花精力去治愈。但实际上有一些艰难时刻并没有你想的那么糟糕。尽管如此，它们仍然会给你带来强烈的、不快乐的感受，并让你难以理智地思考。这个时候，你就会出现错误思维。错误思维会让艰难时刻看起来比实际更加糟糕。

5种常见的错误思维

以下是5种常见的错误思维及一些例子，这些错误思维会让你感觉更糟糕。

1. 夸大其词。

夸大其词就是把事情想得比实际情况更加糟糕或更加重要。

- 我们输了辩论赛，因此我们学校是世界上最差的学校。
- 我的朋友不喜欢我，因此我再也不会有亲密的朋友了。
- 我总是要做家务，因此我的养父对我太残忍了。

2. 只看到消极的一面。

发生在你身上的事情几乎都不是坏事。只看到消极的一面时，你就会忽视那些能让你感觉更好的事情。

- 我必须在学校里学习，因此学校里毫无乐趣。
- 我们昨晚输了比赛，因此我们队太差了。
- 这周一直在下雨，因此这周太糟糕了。

3. 标签化。

当你因为一件事情有特定模式，就认为所有相似的事情都是这样的时候，标签化就发生了。

- 学习英语对我来说有难度，因此我不是一个好学生。
- 今天我说了一些蠢话，因此我说的都是蠢话。
- 那个国家的小孩很自私，因此那个国家的人都很自私。

4. 猜测某件事情很糟糕。

在毫不了解的情况下，猜测某件事情很糟糕。

- 今天在学校里一定很无聊。
- 上次数学考试我考得很差，因此今天的考试我也会不及格。
- 每个人都会嘲笑我妈妈让我穿的鞋。

5. 错误地责怪自己。

错误地责怪自己的时候，你会以极端的方式承担所有责任，但是实际上你本不需要承担这些责任。

■ 我拼错了"先见之明"这个词，因此我们班没有赢得拼字比赛是我的错。

■ 我错过了扣球，因此我们输了排球比赛是我的错。

■ 派对在我的公寓举办，因此有些人没有玩得很开心是我的错。

错误思维不但会影响你对自己的看法，还会影响你对旁人的看法。有时候你会把人想得比实际更糟糕，因为你过分夸其词、标签化，或只看到消极的一面。

 **练习时间**

下面是一些用来应对错误思维的方法。看看你能不能把下面的每种方法和前面提到的错误思维例子中的至少一个相匹配。

每个人都会犯错。

我会继续尝试的。

这次我学得更多了，因此一定会考得更好的。

我不能让其他人玩得开心。那些人必须自己去找乐子。

只有我能决定自己开不开心。

我们的学校里还有好多美好的事物。

我是一个很好的朋友，所以我确信他一定会再喜欢我的。

我国也有自私的人，但这并不意味着我国的每个人都是自私的。

洗碗并没有那么糟糕。

没有人可以只通过我做的一件事情来评判我。

实际上，我鞋子上的标签也不是那么重要。

没有人是完美的。

我可以克服这个的。

那是一个很难拼写的词。

我们队有很多获胜机会。我只是错过了一次机会而已。

这没什么大不了的。

我们可能只是需要更加努力练习。

这需要团队的努力,我只是团队中的一员。

我也讲了一些很有趣、很俏皮的事情。

下次我会做得更好的。

实践应用

如果因为"可怕"的想法感觉非常糟糕,你就可以用"消除负面想法"来消除那些不开心的感受。下面将举一些关于艰难时刻(在这些艰难时刻,人们会有不开心的感受),以及如何使用"消除负面想法"的例子。

艰难时刻： 成绩单上显示你的英语分数很低,于是你心想:"我真的太笨了,我不擅长学习。"

感受： 你感到很沮丧。

消除负面想法： 英语不是我最擅长的科目,但是别的科目我学得还不错。

我可以获得更好的成绩。下学期我一定会更加努力学习英语。

这次我获得了一个很低的分数,但这并不意味着我很笨。

艰难时刻： 在学校礼堂里,一些同学指着你笑。其中一个人说你胖，于是你心想："我胖，每个人都知道。"

感受： 你感到难为情。

消除负面想法： 我可能的确有点儿胖，但我是一个好人。

没有人拥有完美的身材。

那些同学太刻薄了，我不想和刻薄、自大的同学做朋友。

他们需要变得成熟一点儿。

艰难时刻： 你正在学校里表演话剧，但是忘记台词了，于是你心想："这是我人生中最糟糕的一天。我再也不做这个了。大家肯定认为我是个笨蛋。"

感受： 你感到很尴尬。

消除负面想法： 我真是太夸张了，我只是忘了几句台词而已。

没有人是完美的，就连最好的好莱坞演员也会忘词。

站在大家面前表演需要很大的勇气，但我做到了。

之后可能发生的最坏情况是什么？（这是一个很好的关于"消除负面想法"的问题。可以看看方法3）

艰难时刻： 你发现你喜欢的男生不喜欢你，于是你心想："如果他不喜欢我，我就再也不会感到开心了。"

感受： 你觉得自己不惹人喜爱。

消除负面想法:我会忘掉他的。

这是他的损失。

我不需要因被人喜欢才感到快乐。

艰难时刻:你发现你最好的朋友在没有问过你的情况下,就和另外的人一起去看电影了。于是你心想:"我讨厌他。我再也不和他做朋友了。"

感受:你感到很生气、很受伤。

消除负面想法:成为朋友的俩人并不必一起去做每一件事情。

他几乎每次都会来邀请我。不能仅仅因为这次他没有邀请我就说他是一个坏人。

为什么我要因为这样的事而抛弃一个好朋友呢?

艰难时刻：其他同学都被邀请去参加一个派对，而你没被邀请，于是你心想："没有人喜欢我。我是一个失败者。"

感受：你感到很孤独，感觉被抛弃了。

消除负面想法：如果我去了的话，这个派对一定会很有趣，现在我没去是他们的损失。

我已经有很多朋友了。

我会被邀请去参加其他派对。

记住，大多数事情都不可怕，它们仅仅是正常生活的一部分。同时，还要记住，如果想成为一个有价值的人，并不需要那么完美、漂亮或受人欢迎。你现在已经是一个有价值的人了。

方法20 解决个人问题
解决让你不开心的个人问题

> 当你想解决一个让你不开心的个人问题时,使用"解决个人问题"。

有时候,改变想法并不足以消除你不快乐的感受。这可能是因为你有一个更大的问题,如你得了一个很差的分数,或你跟家里的某个人相处不好,或你的朋友在散布恶毒的谣言,或你难以跟上科学课的进度,且解决这个问题需要一个实际的解决方案。世界上有很多能影响你感受的问题。如果已经不能通过改变想法来消除不开心的感受,那就改变你的行为。这意味着要解决问题。

通过学习方法9,你已经知道"解决问题"可以作为终止争吵、避免打架的方法。"解决个人问题"可以用来解决你生活中出现的个人问题,这些问题可能是在实现目标、提升自己或改善一个不良境况时出现的。

使用"解决个人问题"的步骤

1. 选择采取行动。与"解决问题"一样,"解决个人问题"的第一步是选择解决问题。不要让不快乐的感受阻止你掌控自己的处境。你要成为自己的掌控者。

2. 找出问题所在和你想要的。明确你的问题是什么,如:你是否需要远离与你相处不愉快的朋友?你的成绩太差了吗?无聊的时候,你是否需要找些事情来做?然后问自己希望事情变成什么样子。如果问题是成绩太差了,那么你想获得什么样的成绩?每门科目都不低于C?直接拿A?还是想比现在更好一点儿?

> 与每一科的老师谈一谈自己能做些什么。
>
> 在做完家庭作业之前不看任何电视节目。
>
> 在学校安排额外的时间学习。
>
> 去图书馆学习。
>
> 向爸爸寻求帮助。
>
> 向家庭老师寻求帮助。

3. 头脑风暴，找出解决方案。这意味着你要尽可能多地想出解决问题的方法。有时候，拿出一支笔，在一张纸上列出你的解决方案，是有用的。比如，你如果想解决成绩差的问题，同时决定至少要有一个科目拿到成绩B，就进行头脑风暴，列出多种解决方案。

4. 选择一种解决方案并开始执行。从你的列表里选出你认为最好的解决方案，称之为"A方案"（解决这个问题的主要方案），然后开始执行。在你实际开始执行之前，解决方案只是一种想法。执行解决方案也许需要一些决心及用"但是"扭转局面……但是你要相信自己可以做到！

5. 如果需要帮助，就去寻求帮助吧。几乎每个人都有需要帮助的时候，特别是在遇到非常严重或困难的问题时。在讨论问题、提出解决方案或坚持完成解决方案的时候，不要羞于向他人寻求帮助。

一旦开始解决问题，你也许就会注意到积极解决问题的感觉有多美好。会解决问题是一种很棒的能力，它可以带来回报和乐趣。

方法21 气球肚放松法
让自己保持冷静并放松

> 当你想保持冷静并放松的时候,使用"气球肚放松法"。

如果你能保持冷静,那么摆脱那些妨碍你生活的不快乐的感受就会容易得多。而且,冷静可使快乐的感受来得更容易些。这就像你留了一块空间,让快乐的感受去填满一样。

让自己冷静的一种方法是用"消除负面想法"去避免那些让你沮丧的"错误思维"。此外,还有另外一种让你冷静的方法,即放松身心。放松身心的方法有很多,如:

- 打游戏。
- 看电影。
- 散步。
- 到处闲逛。
- 听放松的音乐。
- 小睡一会儿。
- 阅读。
- 打电话。
- 与宠物玩耍。

放松身体通常比放松大脑容易得多。你躺下或坐着时,你的大脑可能还一直在思考。有时候,消除愤怒、沮丧或其他强烈的想法和感受是很难的。如果想让大脑冷静下来,就尝试用"气球肚放松法"吧。"气球肚放松法"是一种利用呼吸来帮自己摆脱烦恼和感受的方法。

使用"气球肚放松法"的步骤

1. 找到一个舒服的姿势。你可以坐着、笔直站着或躺在沙发上做"气球肚放松法"。
2. 用鼻子用力吸气,并从一数到五。
3. 用嘴吐气。
4. 关注你的呼吸,不要关注其他事情

当你吸气的时候,你的腹部就会像一个充满气体的气球一样鼓起来。当你呼气的时候,你的腹部就会收缩,像气球放气一样。每当你呼气的时候,脑海里就想象:所有让你难以放松的想法和感受都会随着你的呼吸而消失。闭上眼睛或将手放在腹部可能会有助于完成这个过程。

你的呼吸声就像大海（或大湖）的波浪声。集中注意力时，你会发现吸气的声音听起来有点儿像海浪在涌向海岸，呼气的声音听起来有点儿像海浪在涌向大海。练习"气球肚放松法"的时候，记得要将所有注意力都集中在呼吸上。这有助于你摆脱那些让大脑忙碌的想法。每当有担忧、害怕或愤怒的想法时，你就要设法摆脱这些负面想法（以及那些和它们一起出现的感受），去注意那些温馨的、舒适的感受和呼吸的声音。

在日常生活中，花费太多的时间在那些让你不开心的想法或感受上是没有意义的，这种时间越少越好。有不开心的想法和感受时，你就要注意了。如果不需要它们，就用"气球肚放松法"让它们飞走，就像放飞气球，让它们飞向高空一样。

负面想法或感受挥之不去怎么办

有时候，像悲伤或愤怒这样的负面想法或感受会一直伴随着人们，不会轻易消失。你是否一直感到无助或绝望？你是否感到悲伤？你是否觉得你正在伤害自己或他人？你是否一直感到焦虑或紧张？对于上述问题，如果有一个肯定答案，请立即寻求帮助，可以与一位你信任的大人谈一谈，或寻求专业的心理咨询。

与自己相处跟与他人相处一样困难。感觉自己身处黑暗、低谷时，你可以用猫头鹰的方法来帮助自己看清楚，并再次找到光明。

其他一些想法

　　本书提供了一些帮助你在学校里与人好好相处的方法。校园生活是孩子生活中很有压力的一部分，因此我希望本书可以让你的校园生活少一些压力。好好相处不仅意味着遇到社交问题时，你要照顾好自己，还意味着你要和其他同学一起愉快地学习和生活。你可以通过善待他人、尊重他人，以及对那些刻薄的同学说"别这样"，在学校里做出很大的改变。每位同学在学校里都应该感到安全、舒适和受到尊重。像鸟类相互合作并帮助同伴一样，你也可以帮助学校里的同学。

另外，花时间想想和你一起玩耍的朋友。他们尊重你、尊重老师或尊重其他人吗？你有珍惜校园生活的朋友吗？要明智地交朋友。好的朋友可以让你的校园生活更轻松、更有趣，因为他们尊重你，同时你也尊重他们。他们欣赏真实的你。当你需要他们的时候，他们会陪在你的身边。

有时候，你会需要大人的帮助。在学校里，有需要的时候，你可以向校长、辅导员及其他老师寻求帮助。因为帮助你们是他们的工作。在家、俱乐部、社团里，以及在课外活动时，也有关心你的大人。有社交问题且不知道怎么解决时，一定要和大人谈一谈。

最后，让你的老师或家里的大人去阅读后面的"成年人须知"，然后和他们谈谈你与他人相处时遇到的问题。你可以和他们一起练习本书中提到的方法，甚至从他们那里学到一些新的方法。你会发现，关心你的人比你想象的还要多。我们都希望你能开心、成功，能正确表达且与人好好相处。

成年人须知

作为父母、监护人和老师，我们一直是孩子学习的榜样，因此孩子掌握的绝大多数与他人好好相处的方法是从我们身上学到的。在《最好的朋友，最坏的敌人》（*Best Friends, Worst Enemies*）这本书中，迈克尔·汤普森等人对如何教孩子学习游泳和如何教孩子与人相处进行了研究。当孩子很小的时候，我们和孩子一起下水。我们抓住他们的手，让他们进行小幅旋转，我们也允许他们自己踮着脚在游泳池的浅水区行走。当他们长大一些后，我们会给他们一些正式的指导，让他们在水里感到更加舒适。我们依旧在游泳池里陪着他们，但这时的他们在自己游。最终他们可以独自游泳。但是在这个时候，我们仍然会在游泳池边观察他们，一旦他们有危险，我们就会像救生员一样跳进水里救他们。

教孩子与人好好相处也是如此。在他们很小的时候——婴幼儿时期——我们和孩子一起进入"水池"，通过抱着他们，以及和他们同时在场，帮助他们面对一些早期的社交场合。随后，我们会给他们一些指导，教他们要学会分享，要有礼貌和待人公平，还要时刻注意他人的感受——总之，就是要与他人好好相处。其间我们依旧会陪在他们身边，必要时我们会对他们进行干预，确保他们安然无恙。最后，我们将他们送去学校，至此他们得自己应对社交生活。

但是到这个时候，我们仍然是他们的"救生员"。为了帮助孩子更进一步，我们可以成为"教练"。实际上，帮助孩子在学校里、在其他社交场合与他人好好相处，也许是我们能为他们做的最重要的事情。我们可以继续指导他们，把我们知道的都教给他们，帮助他们正确处理问题。一旦他们有危险，我们就会跳进去拯救他们。

与孩子一起练习

本书介绍的方法和技巧，最好让孩子在成年人的指导下学习。在把本书交给孩子之前，你自己一定要先读一遍。

有充分的证据表明：角色扮演及与孩子谈谈他们的社交经历可以帮助他们在处理复杂的社交情形时，特别是在应对嘲笑和冲突时，更加得心应手。孩子也需要鼓励才能坚持下去。本书提供了一些对话和场景示例，并对为什么人们会有他们所表现出来的行为和感受（这些都可以作为成年人和孩子进行交流与练习的起点）进行了讨论。

除了可以和孩子演练对话示例之外，还可以和孩子演练一些即兴情形，并交换角色。比如，一开始你可能扮演的是孩子的同龄人，你正在给他施压，让他去做一些他不想做的事情。然后互换角色，你扮演孩子，孩子扮演同龄人。这样有助于他看清你是如何应对某些特定情形的，同时也有助于他了解站在同龄人的角度哪种回应是最有效的。

在课堂上，本书可以为社交讨论提供参考。有些老师会制作每种鸟的海报，以此展开如何提升社交技能的讨论。他们会在课堂上询问学生的想法和经历，会展示一些社交技能，并给学生练习的时间。这些课程不会占用太多的课堂时间。

教孩子变得自信且会解决问题

自信是坦率，而不是咄咄逼人。我们可以做很多事情来帮助孩子变得自信且会解决问题。在下面这些关键领域或时刻，我们可以积极促进孩子掌握社交技巧。

1. 生活环境。

■ 与你的孩子建立温馨的关系。和他们交谈，聆听他们的话语，在学校活动上支持他们，对他们在乎的事情表现出兴趣，和他们一起做有趣的事情。

■ 鼓励在家里进行开放、直接的沟通，不要在孩子提出问题时惩罚或蔑视他们。敞开心扉，直接告诉孩子你想要什么及你的感受。

■ 在尊重他人的前提下，允许孩子表现得自信。

■ 只要孩子在表达感受的时候尊重他人，就允许他表达其正面的或负面的感受。

■ 控制住身体和语言上的侵犯行为。

■ 不要过度保护胆小的孩子，不要阻止他们参与社交活动，或不要介入其社交困境（除非涉及霸凌、暴力或安全问题）。

■ 促进健康的社会联系和互动。家长应该鼓励孩子邀请其他孩子到家里来玩耍，并让孩子加入社团、参加社团活动。

2. 示范。

■ 在家里或课堂上，运用良好的沟通和解决问题的技巧解决问题。比如，存在冲突的时候，用直接的、没有敌意的交流方式进行沟通，坐下来使用"解决问题"（如本书方法 9 所描述的那样）。

■ 纠正孩子的时候，要直接说明你期望的是什么，而不是贬低他们，唠叨个不停或使他们感到内疚。记住，你处理的是这种行为，而不是孩子。

■ 当和家庭以外的人相处时，要表现出坚定且自信的沟通技巧。

3. **讨论**。

■ 花时间去聆听和理解孩子的社交经历。学校里发生了什么？谁是他们的朋友？在课堂之外他们是如何享受校园生活的？

■ 帮助他们认清事实，让他们了解你的个人经历，帮助他们应对适得其反的信念或思考习惯。长辈这样对孩子说非常有用："我们一定可以克服它的。""我们一起想办法解决这个问题。""每个人都会犯错。""不要对自己太苛刻。""这是生活中正常的一部分。"

■ 一起制订解决问题的方案。

4. **辅导和练习**。

■ 分享你自己的现实生活经历，教授你自己的语言交流方法和策略。当你还是孩子的时候，你是如何应对嘲笑、霸凌行为和羞涩的？当你不得不遭受这些经历时，你的感受是怎样的？

■ 通过角色扮演、模拟日常情境，包括本书中提到的示例和孩子正在经历的一些真实情形，进行练习。

■ 给孩子一些鼓励，就像在其他艰难尝试中给予鼓励一样。像教孩子骑自行车一样，通过进一步的练习和跟进来帮助孩子度过"我做不到，这不起作用"的阶段。

5. **保护**。

■ 注意你的孩子正在面临的事情。要知道他们在哪里、和谁在一起和正在做什么。家长和老师应该定期进行沟通。

■ 当孩子正在挣扎或遇到危险的时候，你要及时介入并帮助他们。必要时，果断地与其他家长和孩子进行沟通。

帮助孩子应对霸凌行为

霸凌行为中的孩子需要特别的关注。在学校里，霸凌行为非常普遍。2001年恺撒家庭基金会的调查研究表明，近四分之三的美国儿童表示，学校里经常出现霸凌行为。约克大学拉马什暴力与冲突解决研究中心的研究表明，35%的受访儿童表示他们（作为施害者或受害者）参与了霸凌行为。美国儿童健康机构进行的一项民意调查显示，48%的孩子曾经遭受过霸凌行为，还有更多的孩子是霸凌行为的目击者。

频繁受到霸凌的受害者往往会出现极度绝望、患有慢性疾病、被孤立和成绩下降的问题。制止霸凌行为不仅可以帮助受害者，还可以帮助施害者。对他人实施过霸凌行为的人成年后犯罪的比例很高。以下是一些成年人可以做的事情，可以用来帮助解决这个严重的社会问题。

教师和学校管理者可以做的事情

■ 严肃对待并拒绝霸凌行为。有一部分霸凌行为跟态度有关——学校缺少解决霸凌行为的决心和坚定意愿。迅速进行与霸凌行为有关的调查和纪律处分是至关重要的。

- 在处理有害行为（包括性骚扰）时，制定一套合理但严格的行为准则。在每个季度或学期开始时，应在每个教室张贴学校关于霸凌行为的政策（该政策应该明确规定哪些行为属于霸凌行为，所有学生都有举报霸凌行为的义务，调查霸凌行为的流程，及处分结果），并进行班会讨论。

- 提供全面监督，包括"学生观察"项目，以及（或）必要情况下的视频监控。在学校里，监督不力和不能及时处理是助长霸凌行为的最重要因素。

- 就如何识别霸凌行为及如何应对霸凌行为对教师和助手进行培训。

- 鼓励学生匿名举报，并将之作为一种责任来推动。

- 建立一些帮助学生提升社交技能和促进团队合作的项目，如学生结对帮扶（将高年级的学生与低年级的学生结成对）项目。

- 将教导和练习社交技能、问题解决技巧（包括处理冲突）作为学校课程的一部分。

- 为参与霸凌行为的孩子提供专业的咨询和指导（不仅仅是处分）。

监护人（尤其是父母）可以做的事情

■ 使用本书中提到的方法和其他技巧或方法，教孩子尽量不成为霸凌行为的受害者，以及如何在霸凌行为开始时就制止它。

■ 如果孩子在学校或学校附近遭受的霸凌问题没有得到解决，必要时你（和学校的工作人员、其他孩子的父母等一起）可以选择介入。

■ 在极端的情况下，将孩子转到一个新的学校，联系警察，采取法律措施。

你很难看到你关心的孩子因社交问题而挣扎，但是大多数孩子在不同的时期都会遇到这样的问题。监护人（尤其是父母）和老师比其他人更能帮助孩子。树立尊重他人的社交行为榜样，让孩子知道你尊重他们。和孩子一起练习本书中的方法，聆听孩子的话语。同时，保持家和学校里的沟通渠道畅通。帮助你关心的孩子，让他们与他人相处时更加轻松、更加快乐。

致　谢

真诚地感谢那些为本书的编写提供建议及专业知识的人（其先后顺序参照原版书）：

科迪莉亚·安德森（Cordelia Anderson），文学硕士，学校健康促进和预防有害行为（包括预防校园霸凌和暴力）的演讲者、培训师及顾问；

斯蒂芬尼·卡普斯（Stefanie Capps），北加利福尼亚州杜汉姆学区的负责人；

托马斯·S.格林斯庞（Thomas S. Greenspon），博士，注册心理学家、注册婚姻家庭治疗师；

萨姆·胡姆勒克（Sam Humleker），明尼苏达州明尼阿波利斯市拉姆齐国际美术中心七年级学生；

斯科特·马奥尼（Scott Mahoney），教育学博士，北加利福尼亚州沃夫学区的负责人；

多罗西娅·M.罗斯（Dorothea M. Ross），博士，曾是美国加州大学旧金山分校行为与发育儿科学的心理学家。

卡特里娜·温策尔（KaTrina Wentzel），教育学硕士，明尼苏达州圣保罗市五年级及九年级教师，曾任课程协调员和多元化主任；

对本书的素材进行点评和提供建议的所有孩子们，以及我的妻子朱莉（Julie），感谢她非常有帮助的点评和建议。

也感谢为帮助孩子做出贡献的自由精神出版社的优秀工作者：才华横溢的编辑埃里克·布朗（Eric Braun），编辑主任马乔里·利索夫斯基斯（Marjorie Lisovskis），道格拉斯·费伦（Douglas Fehlen）。此外，还要特别感谢朱迪·加尔布雷思（Judy Galbraith）为本书的出版提供机会。